平安实验 梦想的摇篮

李锦鸣｜主编

光明日报出版社

图书在版编目（CIP）数据

平安实验　梦想的摇篮 / 李锦鸣主编 .–– 北京：
光明日报出版社，2019.9

ISBN 978–7–5194–5541–5

Ⅰ. ①平… Ⅱ. ①李… Ⅲ. ①中小学—安全管理 ②幼
儿园—安全管理 Ⅳ. ① G637.4 ② G617

中国版本图书馆 CIP 数据核字（2019）第 209084 号

平安实验　梦想的摇篮
PINGAN SHIYAN　MENGXIANG DE YANLAN

主　　编：李锦鸣

责任编辑：王　庆　　　　　　　责任校对：李　荣
封面设计：中联学林　　　　　　责任印制：曹　净

出版发行：光明日报出版社
地　　址：北京市西城区永安路 106 号，100050
电　　话：010–63139890（咨询），010–63131930（邮购）
传　　真：010–63131930
网　　址：http://book.gmw.cn
E – mail：wangqing@gmw.cn
法律顾问：北京德恒律师事务所龚柳方律师

印　　刷：三河市华东印刷有限公司
装　　订：三河市华东印刷有限公司
本书如有破损、缺页、装订错误，请与本社联系调换，电话：010–63131930

开　　本：170mm×240mm
字　　数：122 千字　　　　　　印　　张：11
版　　次：2021 年 1 月第 1 版　　印　　次：2021 年 1 月第 1 次印刷
书　　号：ISBN 978–7–5194–5541–5

定　　价：48.00 元

编委会

前　言

　　实验校园就像家一样温暖和安全。这里有笔砚相亲、晨昏相伴的真诚友谊，这里有比赛场上飞扬着的欢呼与呐喊，更有落日红叶、雨打芭蕉的完美意境，还有默默伏案的少年、勤勉的园丁，有两点一线的紧张，更有青春放歌的朝气。你会听到朗朗的读书声、亲切的问候声，你会看到学生文明的举止、谦让的身影，你能随时感受到老师的关心爱护！

　　"安全"是一个个鲜活的主题，"幸福"是平安祥和的美妙乐章。生命只有在安全中才能永葆活力，幸福只有在安全中才能永具魅力。我们热爱生活，才能在校园中演绎活力，憧憬明天；我们珍爱生命，才能拒绝伤害，健康成长。

　　校园安全，智者防患于前，愚者灭灾于后。防范在先，警惕在前，警于思，合于规，慎于行。这是被实验师生所认同并自觉遵守的安全价值观念、安全意识、安全行为准则的总和，是学校与个人安全素质和态度总的体现。平安实验以学生为主体，以保证师生安全为主要内容，形成了以校园为主要空间，以人本主义和社会责任为主要特征的一种校园安全文化，它和学校德育、智育、体育、美育等一起构成了实验校园文化群。本书把多年来学校安全教育已经取得的成效进行理论上的总结和提升，体现了实验人的安全远见和价值观的充分共享，对师生行为具有凝聚性、导向性、规范性、激励性作用。本书展现了生命在校园里焕发出的奇光异彩和华美的文明乐章！

　　每一个人的现在都与未来相连，每一个人的自身都与家庭相连，每一个人的荣辱都与整体相连。安全的现代意义在于它伴随着人类的稳定、繁荣、发展和进步。

　　让我们共同携手开启安全教育新时代，让安全与幸福携手，平安与和谐同行！

刘新乐

2018年5月

目 录
CONTENTS

奋进的动力

抓实安全文明　促进和谐稳定

刘新乐

长期以来，学校把安全工作摆在学校工作首要位置，坚持把安全文明校园建设与教育教学工作有机结合，秉承"为学生一生着想，为祖国明天奠基"的办学理念，按照"安全稳校""文化铸校"的工作思路，牢固树立"安全第一，预防为主""事故无大小，责任大如山""安全不保，何谈教育"的安全意识，始终坚持"安全自查，隐患自除"的原则，2012年，学校开展了创建"贵州省安全文明建设示范校"工作，取得了显著的成效，形成了"一二三四五"安全工作特色，创造了安全文明、和谐有序，鸟语花香、书声琅琅，学生开心、家长放心、社会瞩目、百姓满意的校园环境。

"一个中心"。学校安全工作必须坚持以服务教育教学为中心。

"两个保障"。我校是一所幼儿园、小学和初中三部分组成的特大型义务教育学校，学校办学战线长，学生年龄跨度大，学生自治能力因年龄特征而出现个性差别，管理难度大。安全不保，何谈教育？因此，安全是学校一切工作的核心保障；良好文明习惯的养成是学校教育教学质量提高的重要保障，我们认真贯彻落实《学生伤害事故处理办法》《中小学、幼儿园安全管理办法》《贵州省学校学

1

生意外伤害事故预防与处理暂行办法》《中共中央国务院关于进一步加强和改进未成年人思想道德建设的若干意见》以及《中小学德育大纲》，创新思路，创优成绩，增强安全文明建设的针对性、实效性和主动性，使得师生良好文明习惯养成有了新的突破。

"三道防线"，就是"点线面"的安全防控线。点上控、线上巡、面上防，形成了前后相连、左右相顾的校园治安防控运行机制。第一道防线为"点上设卡"，学校对出入人员、车辆进行询问登记，运出或带出各种物品必须有部门或教师亲自护送才准出校门；第二道防线，对校园实行24小时值班巡逻制，有效控制了校园治安的良好局面；第三道防线为"面上布网"，学校充分发挥了联防联治，发挥楼层及单元负责人队伍的作用，学校在校园、办公楼、教学楼、家属区都安装了视频监控系统和红外线报警系统，随时掌握校园的各个角落的治安情况。

"四个全面"。全面参与、全面防控、全面提高、全面促进。牢固树立"安全第一""预防为主，责任重于泰山""安全不保，何谈教育"的安全意识，始终坚持"安全自查，隐患自除"的原则，全方位扎实推进学校安全及综合治理。形成了校级领导——中层干部——教职工——全体学生全面参与安全工作的局面，建立了人防、物防、技防全面防控体系，全面实行安全文明建设的各项措施，发挥最大效能，全面促进学校管理工作进一步规范化、制度化和科学化，提高教育教学质量，推进素质教育。

"五个到位"。领导到位、制度到位、人员到位、措施到位、资金到位。学校安全文明校园工作实行"一把手"负责制，学校党总支书记、校长亲自抓，分管副校长直接抓，其他班子领导分头抓，切实做到了制度的到位；建立健全了各种安全工作制度40余项，基本实现制度化、规范化；形成了学校党总支总揽全局，办公室组织协调，各部门各负其责，密切配合，全校师生积极参与的齐抓共管的工作格局。一人把关一处安，众人把关稳如山。创建工作上下贯通，协调有力，组织严密，运作高效，基本实现制度化、规范化、精细化、科学化管理，确保了创建工作的顺利进行并取得实效。

创建安全文明校园，旨在提高师生安全意识和素养，确保校园及师生安全，为教育教学工作的顺利进行提供坚强有力的保障。2012年学校被中央宣传部、中央文明办和解放军总政治部联合授予"全国军民共建社会主义精神文明先进单位"称号，荣获"全国和谐校园先进学校""全国消防安全示范学校"、贵州省"创建全省安全文明校园建设优秀成果奖"、贵州省"安全文明校园"称号，被市、区人民政府授予"安顺市消防工作先进单位""安顺市精神文明单位""消防安全四个能力建设验收达标单位""构筑社会消防防火墙工程四个能力建设先进单位"等荣誉。

创建安全文明校园，"一二三四五"安全工作特色，为全校师生创造了一个安全文明和谐的良好生活学习环境，不断提高师生安全意识和文明素养，促进我校精神文明建设，为全面提高教育教学质量，全面推进素质教育，进一步促进学校稳定和谐发展保驾护航。如今，学校正按照"管理强校、质量立校、人才兴校、文化铸校、安全稳校、和谐荣校"的办学思路，朝着"全市示范引领、全省品位一流、全国知名、走向世界"的办学目标迈进。

生命不保　何谈教育
——学校安全工作之浅见

唐承朝　安顺市教育局安全法规科科长

自2000年以来，学校安全问题越来越受人们的广泛关注，党中央、国务院高度重视，2002年出台了《学生伤害事故处理办法》，2006年出台了《中小学、幼儿园安全管理办法》，2012年贵州省出台了《贵州省学校学生意外伤害事故预防与处理暂行办法》，这标志着我国学校学生安全管理工作的相关法律法规已逐步完善，学校安全工作逐步走上法制化的轨道，但是落到具体的学校和老师对如何抓好学校安全工作存在一些困惑，下面我就学校安全工作的几点理解向大家做一个介绍。

一、深刻领会学校安全工作的重要意义

狠抓学校安全工作是对生命最大的珍重。在2014年全国学生安全教育日活动中，教育部副部长杜玉波指出，近年来，近97％的中小学生非正常死亡发生在校园外，也就是说，发生在学校内部的学生伤害事故只占全部学生伤害事故的3％。而在2006年教育部的统计当中，发生在学校内部的学生伤害事故总数占到了全部学生伤害

事故总数的39％。学校内部的学生伤害事故比例从2006年的39％到当前降到了3％，看似一个简单的数字，背后凝聚着多少校长、学校安全管理人员、一线教师和其他教职工的辛勤、努力、汗水，甚至是委屈的泪水。从上述数据来看，狠抓学校安全工作确实是对生命最大的珍重。

2012年5月28日，唐山市发生了4.8级地震。地震之后，一段名为"实拍唐山地震中老师带领学生从容撤离"的视频迅速在网上走红。唐山英才学校师生们从容有序地撤离、有同学将拐拐同学背下楼等画面都获得了网友的赞誉。这段视频甚至被中央电视台的新闻节目播出。在这段视频中，我们看到学校的教师学生在地震来临之际，逃生整齐有序、统一规范，反映了学校日常安全应急演练的成效。

这段视频并不是个案，近些年来，全国各地的中小学、幼儿园纷纷建立了完备的安全制度，制定了系统的安全应急预案，开展了经常性的安全应急演练，加强了日常的安全教育。我们甚至可以夸张地说，当前除了军队、武警、公安、消防等系统之外，还有哪一个行业遇到灾害的时候能像我们的学校一样，逃生迅速有序？而且我们可以想象，我们现在学校和幼儿园中的孩子，当他们成人之后肯定会具有较强的安全意识和安全技能。

二、学校安全稳定的形势不容乐观

在传统意识当中，人们总是习惯于将学校想象成一个充满着知识、欢笑、纯洁的象牙塔。但近些年来，我们越来越发现，学校其实是一个充满着危险的地方。近年来，我国的学校连续发生了一些恶性的安全事故，群死群伤的事件时有发生，对学校师生的生命健康形成了严重的威胁，对学校的教育教学管理形成了严重的干扰！2001年6月5日，江西省南昌市某幼儿园因为保育员点燃的蚊香引发火灾，导致13名孩子死亡；2011年11月16日，甘肃省正宁县某幼儿园校车违规超载，核载9人而实际承载了64人的超载校车与一辆货车相撞，造成21人死亡；2014年，我国陕西、辽宁等地，幼儿园违规让在园儿童服用病毒灵事件也在社会上引发了极大的影响。

正如袁贵仁部长曾经提到的"生命不保，何谈教育"！如何在现有形势下进一步提高学校的安全防范水平，如何进一步增强教育工作者防范与应对学校安全事故的能力，已成为了一个亟待解决的问题。

中小学、幼儿园安全事故多发的最主要原因就在于在中小学、幼儿园学习、生活的学生都是未成年人。他们安全意识本身薄弱、生性活泼好动、自我保护能力差，所以在他们的日常生活当中，很容易发生意外。如果他们遇到危险，自我保护的能力又非常欠缺，在这种情况下，加强学校和幼儿园的安全管理，保障中小学、幼儿园学生的安全成为当前教育工作者必须面对的问题，也是教育工作者不可推卸的责任。

更让人忧心的是，当前中小学、幼儿园发生学生伤害事故之后，学校和幼儿园往往承受着巨大的压力。很多家长抱着"我的孩子交给学校了，孩子在学校出了事，学校就必须要承担责任"的错误观念，在很多学校和幼儿园本身并没有责任的情况下，对学校和幼儿园的管理人员和当事教师施加压力，在社会上引发了很多负面的影响。所以，现在很多中小学、幼儿园干脆取消了一些正常的教育教学活动，以避免发生安全事故，这种因噎废食的做法最终影响的是我们一代孩子的身心健康发展。

正如上述所言，学校安全面临着前所未有的形式，教师安全工作的压力非常大。据有关部门调研显示，当前34.2％的教师因为担心学生发生意外的压力非常大，39.7％的教师因为担心学生发生意外的压力比较大，两者占到了全部教师总数的73.9％，所以很多教师开始抱怨，教师已经成为一个高风险的职业！

三、教师是安全工作的关键

在上述这种形式之下，中小学、幼儿园的安全工作到底应该怎么办？这个问题困惑着很多中小学、幼儿园的管理者和一线教师。我们说，中小学、幼儿园安全工作的关键还是教师，教师的安全管理是否到位，直接关系到学生伤害事故的发生几率。

首先，教师对于学生具有安全保护的义务。在我国《教育法》《教师法》《侵权责任法》以及最高人民法院的司法解释当中，都强调了教师对于未成年学生的安全保护义务。在2008年最新修订的《中小学教师职业道德规范》当中，专门写了保护学生安全的条文。中国教育科学研究院起草的《学校安全管理标准建议稿》中也提出了，教师应当具备带领学生紧急疏散和紧急救护的能力。有些人对教师是否应当具备紧急救护的能力提出疑问，实际上这种紧急救护的能力不仅是教师，还是每一个普通人都应当具备的能力，而且这种能力的培训也是非常简单的。

其次，中小学、幼儿园务必落实《学校岗位安全工作指南》的有关规定。2013年，教育部专门颁布了《学校岗位安全工作指南》，对学校当中40个重点岗位的安全职责都作出了规定。中小学、幼儿园务必认真落实该文件的有关规定，将中小学、幼儿园的安全职责落实到每一名教职工，真正做到事事有人管，人人有责任。

再次，中小学、幼儿园的教师务必认真学习学校安全有关的法律法规。我国迄今为止已颁布了《学生伤害事故处理办法》《中小学、幼儿园安全管理办法》《侵权责任法》《中小学、幼儿园应急疏散演练指南》等相关法律法规和相关文件。中小学、幼儿园教师务必认真学习安全预防的有关知识，掌握常见事故的预防与应对技能，从而确实地保障学生在校的安全。

最后，中小学、幼儿园教师还应当注意对学生的安全教育和对家长的安全提示。正如上面提到的，当前只有小部分的学生伤害事故发生在校内，绝大部分的事故是发生在校外的，所以中小学、幼儿园务必加强对学生的安全教育，让学生掌握必要的安全常识，学会自我保护的基本技能。另外，中小学、幼儿园还要利用家长会、短信、"致家长的一封信"等方式提醒学生家长注意孩子在校外、园外的安全，从而达到不仅保护孩子在校内的安全，还要减少孩子在校外、园外遇到安全隐患的目的。

老师们在无前车可鉴的情况下，运用自己的智慧开展工作，同时还承受着巨大的精神压力，他们才是真正值得敬佩的人！正是在我们广大教师的努力下，孩子的安全才得到真正保障。安全工作责任重于泰山，保障孩子生命安全是教育工作的基础和前提。生命不保，何谈教育！正如袁贵仁部长曾经指出的："一个没有安全保障的学校，绝对是不合格的学校；一个不具备安全意识的教师，绝对是不称职的教师。"

所以，在学校安全工作当中，我们的校长、我们的园长、我们的教师以及其他教职工才是真正值得敬佩的人！让我们向广大的基层教育工作者致敬！

情系实验平安和谐育桃李
缘结"15511"安全管理创特色

吴会昌

　　弹指一挥间，25个奋战三尺讲台的岁月已然逝去。蓦然回首，曾经的愣头小伙已变成孩子们眼中的中年大叔。执教之初，每天"打了鸡血"一般，有洒不完的激情，用不完的精力，常常利用放学时间，批评教育学生，时而"清风拂面"，时而"狂风暴雨"，一门心思只想着教出好成绩，为自己的教育教学事业画出一道道优美的函数曲线。何曾想过，孩子也跟我一样——饿着肚皮？何曾想过，其他同学都到家，而他一个人会不会独自去游水？他，会平安回家吗……

　　随着国家法律法规的不断建立健全，教师职业道德的不断规范，尤其是评价学生、学校的标准多元化，我不得不开始思考，如何才能既保证好教学质量，又保证好学生的人身安全呢？这个问题一直困扰着我从乡镇中学来到城区中学，再到安顺市实验学校。安顺市实验学校给了我一个新的台阶，也给了我一个新的起点。站在这个崭新的台阶上，我几乎可以看到我未来崭新的教学业绩，可是在这个起点，却让我感觉到前面没有笔直的跑道，有的是一道让我看不到底的压力，让我不得不时刻绷着"学生安全"这根弦。我谨小慎微，注意教育学生的方式，注重家校联系，但还是出现讲不过三天，罚不超五夜，学生三天两头搞事的尴尬，弄得自己紧张到一接到家长"孩子没回家"的电话就会睡不着觉的地步。尤其是听到某地某校学生因为打架致残，或因为结伴游水溺亡等涉校涉生事件的时候，我不禁扼腕痛惜，同时更让我提心吊胆。

2012年，在没有"大事""小事"层见叠出的情况下，陆续送走了两届毕业生后，学校安排了我一个新的工作岗位——保卫科负责人。我怀着忐忑的心情，边学习边工作，一会儿禁毒，一会儿消防。除了排查，还有调解学生矛盾，消耗着我和同志们的精力，很多次忙完后坐下来，居然理不清道不明当天具体做了哪些事情……

2017年8月，有幸在学校李校长的带领下，参加了宁夏举行的全国中小学校园安全管理和危机事件处理能力提升高级研修班的学习。在集中学习阶段，李校长带领我们一起认真听取了各位专家学者的专题报告或讲座，并理解性地摘录要点，汲取专家学者结合大量事例科学总结的：如何完善校园安全责任制，"1535"教育，校园欺凌现象的防范和规避，预防、处理校园事故等经验做法。闲暇时，大家都会不约而同地利用聚在一起的时间，相互交流看法、学习体会。记得有一次在去吃晚饭的路上，看到行人横穿马路时，我不由得说，看来也不只是我们安顺人会横穿马路啊。李校长接着说，要改变这种行为，就要从小抓起，从行为习惯抓起，增强学生的安全意识，要让我们学校的学生都知道怎样过马路、如何保护自己、怎样做才安全，要让老师们知道对学生的安全要做什么。学习的最后一天，大家集中小结，一起分享此次学习的收获与体会，李校长指导我们要联系学校实际，把此次学到的经验做法带到学校安全工作中去，并对下一步学校安全工作作出部署，要求大家要有"大安全"和"全校一盘棋"的工作意识，做好校园安全管理工作，做好应急预案和应急演练，着力开展适合我校特点的"155"安全教育活动，提升师生安全意识。返校后，李校长的安全工作要求和部署一直在我耳边萦绕。"155"安全教育活动的"1"指的是每天最后一节课的老师要留下一分钟对学生做放学回家安全提醒；"5"是每周末最后一节课的老师要留下五分钟对学生做校外安全教育；第二个"5"是每月最后一周周一的"国旗下讲话"要有五分钟的本月安全工作通报或下一月的安全工作安排。这些都有助于增强学生安全意识。"那么我们的老师每个学期至少都会讲授一节安全教育课，比如开学第一课，这个也应该可以扩展我校的安全教育活动啊！"我把这个想法向李校长汇报后，李校长立即同意我的想法，并且要求我把每月一次的疏散应急演练也加入进去，最终完成了我校的安全教育活动"15511"的特色构想。

此时，我终于明白，学校安全教育关系到学生的健康成长，影响着千家万户的幸福。学校在传授知识与能力的同时，有责任保护他们健康成长、确保他们安全。而现实生活中的安全隐患不可能根除，我们要做的就是防患于未然，抓好安全教育。教育是让学生认清危险，帮助学生建立安全意识、养成安全行为能力的教育。要让学生从小就知道怎么做才是安全的，把安全意识扎根于脑海；要让老师知道每天该做什么，才能保障学生安全。安全教育"15511"的特色构想经过2017年秋季开学试行一个学期后，学校安全工作已经不仅仅是保卫科的同志在抓，任何一个学生都知道"放学回家要注意安全"啦！可见安全意识已经逐渐地深入到我校师生的脑海，这与"15511"安全教育特色工程的创建和老师们的不懈努力是分不开的，实现全年"零事故"那就是顺理成章的事情。这正是贯彻落实习近平总书记"要把公共安全教育纳入国民教育和精神文明建设体系，以人为本，生命至上"要求的具体表现。

安全工作永远没有终点，只有起点，因此，我们只有不断地强化安全教育手段，坚持不懈抓好"15511"安全教育特色工程创建，丰富其内涵，使其建长效，见成效，才能把我们的校园建设成为"最阳光最安全的地方"，才能为"中华民族伟大复兴的中国梦"输送更多更好的建设者和接班人。

多措并举抓管理 全力以赴保安全

——对安顺市实验学校安全管理工作的几点感受

安顺市实验学校法治副校长、安顺市公安局民警 杨琳

在担任安顺市实验学校法制副校长近三年的时间里，通过多次的警校协作，我充分感受到，市实验学校高度重视学校安全管理工作，始终将保障校园安全、维护师生安全置于首要位置，采取了一系列行之有效的安全管理工作措施，并下功夫、下力气狠抓落实，切实构筑了学校安全的坚固防线。

——立足实际，健全完善安全管理机制。市实验学校围绕校门值守、校园巡逻、家属区巡查，外来人员出入登记、审核，家属区住户基础信息采集、备案，以及情况报告、信息互通等方面，建立了内部安全日常管理制度；按照异常、突发和紧急情况三个等级，出台了应对处置工作预案；抓住保卫人员防护设施配备、工作职责等重点，制定了安全管理工作规范，等等。同时，在日常工作中，根据实践情况和实际需要，不断健全完善相关安全管理制度，形成了一套趋于成熟的内部安全保卫制度体系。

——抓住重点，着力强化防范能力建设。按照上级关于做好学校安全防范工作的要求，市实验学校以强化人防、物防、技防建设

为关键，进一步提升校园安全防范能力：配齐配强学校保卫人员，抽调青年教师组建护校队，并积极协调公安特警部门派出的专业教官，对教师、保安进行队列、反恐防暴技能、防护器械使用等培训；为保卫人员配备头盔、警棍、钢叉等防护器械，及报警电话、对讲机等防卫设施；加大对视频监控系统建设的投入和保障，并明确专人负责定时巡查，构建了全方位、无死角覆盖的视频监控网，对校园实现了实时、动态管控。

——校警联动，共同排查治理安全隐患。市实验学校在定期不定期地排查整治安全隐患的基础上，对整治存在困难、需相关单位支持的隐患问题，会同市区两级公安机关治安部门、辖区公安派出所开展安全大检查，并形成了常态、长效机制。针对检查中发现的各类安全隐患问题，严格执行"定单位、定人员、定责任、定时限"的整改制度，逐项跟踪督办，全面消除安全死角和管理盲区。如，市实验学校初中部借用校区期间，因教学区板房、空置房屋内有杂物等，存在较多的安全隐患，学校与公安机关协作开展不间断整治，确保了学校师生安全。

——认真履职，确保各类活动安全举办。市实验学校历来高度重视未成年人思想建设，每年都组织开展系列文艺、体育活动。学校在成立安保工作领导小组、科学制定安保工作方案的同时，主动协调公安机关对活动安全保卫工作给予支持。在学校保卫科、公安执勤警力的通力协作下，学校新春晚会、体育节、秋春季开学典礼等各类活动顺利、圆满、安全举办。

——重视教育，切实提高学生自防意识。市实验学校依托综合实践课、"国旗下的讲话"、班（队）会等平台，采取班主任上安全专题班会课、邀请专家举办安全讲座、组织观看安全教育片、制作发放图文并茂的宣传资料等形式多样的方法，进一步加强对师生安全防范知识的教育，并将教育范围拓展至低年级学生家长，让广大师生和家长进一步增强安全防范意识，掌握自防应急措施和技能。

浅谈安顺市实验学校学生出行安全

安顺市实验学校原法治副校长　赵军

道路交通安全关乎人民生命财产安全，学生交通安全关乎每一个家庭的幸福，家庭的破碎关乎社会的长治久安，是各级党委、政府高度关注的重大问题。为认真贯彻落实党的十九大精神，满足人民群众对美好生活的追求，本人结合自身多年来的道路交通安全管理经验和曾经担任安顺市实验学校交通安全法制副校长的经历，谈谈如何强化安顺市实验学校学生安全出行的问题。

一、安顺市实验学校周边道路交通状况

安顺市实验学校是一所包含了幼儿园、小学部、中学部的学校，约有4500余名在校学生和200余名教职员工，是安顺市知名度较高的省级重点学校。学校地处中心城区中华东路中段，是东、北城市主干道重要交通接点区域，是典型的城市主干道沿线学校。道路交通环境和交通组织十分复杂，在学校周边地段500米范围内有4所学校、4家金融机构、2个军事单位、1个电讯公司和1个政府主要办公机构，学校周边还有大量商铺、住宅和单位，每天有大量的人流、车流通过。特别是上下班、上下学交通高峰时段，每小时

大约有8000多人次学生要经过此路段，人车争道抢行、行人随意横穿、交通拥堵混乱现象十分突出，交通安全隐患特别巨大。该路段是我市中心城区交通环境较为复杂、交通冲突点较多、交通事故频发的路段，是我市校园周边交通安全管理的重点和难点。如何改善实验学校老师和学生的出行安全问题成为摆在我们面前的一道难题。如何在学校实施"文明交通行动计划"，开展"牵手平安行"活动，积极倡导全校师生文明交通，教育和引导全校师生如何从自我做起，从身边事做起，从点滴事做起，关爱自己的生命，去自觉地遵守维护交通法规，抵制不文明的交通行为，避免交通事故的发生成为我们研究的新课题。

二、安顺市实验学校周边道路交通安全隐患

中华东路是安顺市中心城区内贯通东西的城市主干道，道路周边拥有大量商铺、住宅、机关、企业、学校等，车流量大，交通环境复杂。该路段日车流量高达50000余辆，是全市日均车流量最大的主干道之一。目前，实验学校正门与主干道人行道相连，侧门与市教育局共用通道，直接与中华东路连通，侧校门口道路宽度不足8米，距校门东侧20米处还有一个公交车站台。每逢上下学高峰时段，在该路段停车接送学生的私家车、上下乘客的公交车和出租车交错在一起，常常造成该路段车辆严重缓行和堵塞情况。加之离校门50多米处，军分区路口的斑马线行人来往通行密集，大量的学生在校门前奔跑、嬉戏、追打，车辆稍不注意就可能酿成惨剧，加重了该路段的交通拥堵和复杂性，严重影响了该道路的通行效率。市委、市政府高度重视学校师生道路交通安全，组织有关部门在校园

附近安装了人行天桥，公安交警部门为避免在校学生安全事故发生，在校门周边的人行道上加装了隔离护栏，将学校侧门8米左右的开口处用于学生家长临时停车接送孩子。尽管采取了多种手段和措施，交通秩序混乱的局面改善甚微，每逢上下学高峰期，仍会有大量接送学生车辆挤在路口，既影响学生出行安全，又影响中华东路正常的车辆通行，成为长期以来受市民广泛关注的热点和交通安全的隐患点。

三、进一步优化实验学校校园周边交通安全设施

近期我市公安交通管理部门利用学生放假的时机，为破解学生家长接送困难的问题，结合目前道路硬件设施不足的状况，已创新尝试在实验学校侧校门前路段规划了一段长达近20余米的彩色停车区，并打开与这片区域连接的行人道上的隔离护栏，让接送学生车辆在该区域即停即走，避免接送学生车辆停在学校门口带来安全隐患，解决占用道路资源导致路段上出现车辆缓行的问题。同时，公安交警部门将继续针对该路段进行专项治理，科学破解难题、总结经验，为新学期的到来提前做好规划和准备。

四、如何加强安顺市实验学校学生安全出行的几点思考

针对实验学校周边道路实际情况和结合周边市民的出行需求，本人对加强实验学校中小学生交通安全教育有几点拙见。

（一）家庭的交通安全教育

俗话说，家长是子女的第一任老师，家庭的教育是第一位的，家长对其子女的管教可以说对子女的健康成长有很大的帮助，但目

前很多家庭缺乏交通安全方面知识的教育。甚至有些家长带着孩子违反交通法规，不按照信号灯行走，随意横穿道路，翻越护栏等。因此，加强家长自身交通法规的学习，让家长掌握最起码的交通安全知识，才能够起到表率作用，才能教育、提醒孩子遵守相关的交通安全法规，进行自我防范，让孩子从小养成良好的交通行为习惯。

（二）学校的交通安全教育

学校的交通安全教育重点是要扩展中小学生对交通安全的知识面，帮助学生更理性地认识交通安全的重要性，提高学生的交通安全意识和自我保护意识。学校可根据中小学生的心理特点开展多种教育方式：一是采用课堂教育法，即通过开设交通安全知识课，给学生们讲交通安全知识；二是采用有形教育法，运用宣传挂图、多媒体投影室、黑板报、与交通安全宣传有关标语等对学生进行立体式教育，定期开展形式多样的交通安全知识竞赛、交通安全宣传画竞赛和交通安全文艺表演等，把交通安全教育做到寓教于乐；三是采用现场观摩教育法，组织学生到交通安全教育基地学习、识别有关交通设施，如交通信号灯、交通标志、标线等，现场传授给学生安全通行的方法；四是加强学校与家长的沟通协作，共同开展教育工作，共同教育好孩子，有效地预防和减少学生的交通事故。

（三）交警部门的重点宣传教育

作为交通管理部门的民警需定期到学校开展交通安全宣传教育工作，并派出专职交通安全法制副校长，做好开学"第一课"的安全行为教育，这对中小学生的引导和启发所产生的效果要远远大于家庭和学校。交警部门可结合当前的各种宣传教育活动深入学校开展教育工作。组织校园交通安全宣传队、"小小交警队"，开展模拟交通事故现场处置等方式，直观地告诉学生发生交通事故的原因和危害，向学生讲解交通安全常识和交通法规，同时以悬挂事故挂图、播放警示录像、发放宣传资料等多种生动、有效的形式，对学生进行宣传教育，同时用身边的交通案例，特别是涉及中小学生交通案例对学生进行反面教育，使学生真正认识到生命的重要和可贵，进一步增强中小学生的交通安全意识和自我保护意识，自觉遵守交通法规。

总之，中小学生的交通安全教育工作只有在家庭、学校、交管部门以及政府各部门的共同参与下才能真正做到有效和最大限度的完善，也只有当更多的中小学生了解交通安全、从自身做起，才能真正减少交通事故的发生，也才会养成文明的交通行为。

关爱生命，安全出行，从我做起，从小做起。

坚强的守护

生命如花，实验用爱呵护

李天虎

星期四下午，我还未到办公室，便有学生在门口等我了，一看原来是6班的小华。说起小华，她是我安排的"特殊卧底"。为什么这样说呢？因为学校在每个班级都安排了两个特殊岗位——"安全排查员"和"矛盾调解员"，且都由学生自己来担任，这样不仅能最大限度地排解安全问题和学生矛盾问题，还能让学生积极参与到学校的各项管理中来。你还别说，参与的学生积极性很高，小华就是他们当中的一员，是更为特殊的存在，这是为什么呢？

6班有一个女孩叫小涵，性格内向，很少与班上同学往来。初一上学期时，学校梳理各班问题学生、特殊学生时，班主任就提到小涵有时会用小刀划伤自己，弄得自己小手上有很多划痕。得知此事，我不敢忽视，立即与当时任政教科科长的封莘同志，会同班主任对小张同学进行家访。原来小张同学系妈妈收养，她还有一个哥哥，小时候妈妈对她宠爱万分，所以有一个幸福的童年。可是小张同学五年级时，妈妈生病，得了不治之症，在亲友的看望与担忧中，她才知道自己是"捡来的"。从此小张便"异常"起来，随后妈妈离开了人世，哥哥也到贵阳参加工作，她开始同爸爸相依为命。从来不管事的爸爸此时手忙脚乱，生活弄得一团糟，更不要提能发现小张同学的"异常"了。就这样，小张在这种"自由"的环境中性格越来越孤僻，心结也越来越深。封葑科长当时给小张的爸爸提了几条建议，他虽随口答应着，但语气中隐约的应付也让我们颇为担心。

家访回来的第二天，我还是放心不下，认为这就是一个安全隐患。想了想，还是得做些什么，便同班主任商量，这引起了班主任的重视。除了班主任老师的关注，我想再有一些班上同学对小张同学进行全方位的帮助和关爱。班主任推荐了小华，小华与小涵同桌，而且还是个挺热心的孩子。我便把6班的班委和小华一起请到我办公室，先交代保密原则，然后从关心、帮助同学和班干部的担当、使命两方面对他们进行了培训，最后介绍了"小张"同学的现状，希望能得到他们的帮助。果不其然，所有人都欣然接受了这个任务，并对小张同学展开了实际的帮助，渐渐地，小张在班上表现"正常"起来。一段时间后，自己的内心松了一口气。

今天，小华又来找我汇报情况，我有些诧异，他有一段时间没来了。小华面带焦急地对我说："李老师，小涵今天没来上课，昨天她和我说了些怪怪的话，还说要和我道别，我越想越害怕，就来找你了。"我一听，当时就想，坏了，马上找班主任联系家长，可就是联系不上。当即，我便同班主任急忙往她家赶，果不其然，小张同学自己想轻生跳楼，还好我们来的及时，阻止了悲剧的发生。

从此，小涵的爸爸也意识到了问题的严重性，让小涵休学一年，找专门的心理医生治疗，情况好转后转到贵阳一所学校。

　　此事在我的内心里面萦绕了好长一段时间，我想如果没有"安全排查员""矛盾调解员"，没有小华，可能就多出一个悲剧。作为一个教育工作者，我深知教育责任的重大，但一直没有把教育与生命联系起来。通过这件事情，我也明白了，在教育教学的过程中，我们认为不起眼的一件"小事"，在学生的世界里可能就是天大的事，他们的心灵需要我们用爱去呵护。从此，我的教育生涯更加注重细节，更多关注学生们生活和学习的点点滴滴。

　　生命如花，不要让她凋谢，实验用爱呵护！

业务由勤学为径 工作有安全作舟

——浅谈实验室安全管理

龚元维

"安全，生命的源泉"。十余载的教书历程，使我深深体会肩负的两样重任——教学和安全。确切地讲，应该是安全和教学，是的，安全不保，谈何教育。新的时代，教育越来越受到国家的高度重视，各级学校教育质量也在不断提高。我从行政工作调整到教务管理实验室等工作，虽然才短短一年的时间，我也深深感到中小学实验室的建设规模越来越科学化，越来越规范化。实验室的投入使用，极大地开拓了中小学生视野，让他们更好地学习到科学文化知识。但与此同时，实验室安全管理工作也需要更加严肃认真地对待，实验室内使用的种类繁多的药品器具如果稍有疏忽，就可能造成财产和人身安全的巨大损失，其后果是不堪设想的。实验室安全一直是实验室管理工作中的重点，尤其我们面对的是祖国的花朵，更是要求我们不得有丝毫马虎大意，对中小学实验室安全管理更要慎之又慎，让平安的实验室为我校卓越课堂提供高效优质的保障。

"绳子断在细处，事故出在松处"。实验室的管理需要拥有利用不安全因素预测分析实验室中将发生的安全事故的意识。然而发生安全事故的主要原因是存在不安全环境和不安全行为。不安全环境是指仪器设备、配套设施、化学药品等物理因素处于不安全状态，不安全行为则是指人的不安全因素。下面我就运用实验室不安全因素来谈谈可能存在的安全隐患，希望能进一步规范我校实验室安全管理，不当之处，请批评指正。

1. 不安全的化学环境因素：不安全的环境因素是指仪器设备、配套设施、化学药品等处于不安全状态从而造成事故。如实验室内使用的化学药品不少是易致毒危险品，加之个别实验中也存在剧毒或易爆物品，若操作不当或违反操作规程，极易引起火灾和爆炸。再如大多数气瓶和一些压力容器存在于实验室中，若不进行不定期检查，以及加强防范措施和规范操作流程，极易导致火灾和爆炸。还有有毒、有害化学废液和废物若处理不当就会造成严重的影响；

2. 不安全的物理环境因素：不安全的物理环境因素是指仪器设备、特种设备、压力容器、水源、电源、热源等因素引发的事故。如仪器设备事故分仪器经常伤人和设备损坏，原因是缺乏保护装置和设备老化、超负荷、超载使用造成；特种设备的使用不按安全操作规程操作或防护措施不当引起的事故，像电器火灾；设备设施陈旧，线路老化，极易引起短路，防火能力低，操作人员用电不慎，也会发生电气火灾和触电、灼伤等事故。还有渗漏水灾，实验室的窗户，有时疏忽，忘关窗户造成雨水飘散；或是忘记关闭水龙头，造成浸淹渗漏，损坏实验室仪器的现象发生；

3. 人为因素：人为因素是指实验室管理人员或指导教师，思想上麻痹大意，生活上精神不佳，能力上缺乏必要的技能和知识等。

实验室安全管理内容非常丰富，不只是简单的防火和防盗，还涉及一些专业技术防护、防范知识，需要有专业人员对这些安全隐患进行有效排查和完善，否则就会造成许多管理漏洞、盲区等巨大隐患。其次，安全意识必须强化。在实验课程前，教师都要对实验学生进行安全教育，这点非常重要，不能流于形式，学生的安全意识不能淡薄。此外，若发生事故后，有些教师缺乏必要的救护知识，使事故消灭或减免到最小，从而避免酿成大的事故；

4.健全和完善安全管理制度。"制度不全，事故难免"。安全规章制度的建立和健全是安全管理实施过程中必不可少的。为了保证实验室安全，必须制定一系列相应的安全管理制度，例如安全应急预案、岗位安全责任制度、实验室意外事故处理办法、压力容器安全使用管理办法、实验室"三废"处置管理办法、易燃易爆及剧毒化学品管理制度、实验室定期安全排查制度等。

在各种安全制度中，尤其要搞好岗位责任制的建设，明确岗位分工及责任，实行安全管理，建立安全责任制。要求每位实验室教师和校签订安全责任书，保证实验室安全。若无明确、严格的安全责任制，会产生推诿、扯皮、拖拉等现象，致使人为不安全因素大大提高，许多安全隐患由此而生。同时要加强安全管理的监督，定期进行安全检查，才能增强管理员的安全责任感，确保各项安全措施落到实处，这样可使实验室安全工作做到制度"上头有人抓，下头有人管"，上下协调一致，一管到底，从体制上完善实验室安全工作管理机构，为学校创建安全稳定的环境打下坚实的基础。

新时期，中小学实验安全管理对于我国教育事业的发展极其重要，让更多的学生提高自身综合能力，为国家培养更多的栋梁之材。

学校校园网络的安全防范

何建刚

随着"三通两平台"的不断深化，学校建立了集教学和办公为一体的校园网络并接入了互联网，通过校园网络打开了外面的世界，沟通了信息，加快了信息处理，提高教育教学及办公效率；学校安装了"班班通"，实现了优质资源的互通与共享，提高了教学效率。

但在积极发展办公自动化、实现资源共享的同时，对校园网络的安全也越加重视。而校园网的安全问题，直接影响着学校的教育教学活动。为保证信息技术应用环境的有序安全，学校进行了以下的工作：

一、建立健全校园网络安全管理制度

学校建立了相关制度：安顺市实验学校"班班通"使用和管理制度、安顺市实验学校办公计算机使用管理制度、安顺市实验学校网站信息及微信公共服务平台信息发布制度、安顺市实验学校上网管理制度、安顺市实验学校教师教学电子备课笔记本电脑使用管理办法等，保证了使用网络和计算机的规范。

二、强化教师、学生的网络安全教育

要想营造一个安全的校园网络环境，必须对使用者——教师和学生进行定期或者不定期的网络安全相关知识的培训和教育。为此，学校定期对教职工开展信息技术应用能力的培训，强化安全使用电脑和网络的重要性，对学生的教育主要体现在信息技术课上，通过对学生进行网络安全及网络道德的教育，提高学生的信息技术素养。通过这些培训和教育，他们能够了解到一些对网络、计算机产生危害的行为，并能及时地改正这些行为，从而在互联网上一帆风顺。

三、采取必要的安全措施

（一）学校合理添置并配置好防火墙。

防火墙系统是一种建立在现代通信网络技术和信息安全技术基础上的应用性安全技术产品。通过防火墙可控制数据包的进出，封堵某些禁止行为，提供网络使用状况监控分析，通过日志分析，获取时间、地址、协议和流量，得知网络是否受到监视和攻击，对网络攻击行为进行检测和告警等，可以最大限度地保证校园网应用服务系统的安全工作。同时，通过上网行为管理，实现了对网络的监控。

（二）全方位、多层次进行数据备份。

全校教职员工要做好数据的备份工作，备份数据应该做到定时、定期，并采用网络、单机、刻盘、大容量移动硬盘等多种方式做好数据的备份工作。良好的备份和恢复机制，可以在系统崩溃或其他原因造成损失时，尽快恢复数据和系统服务。

做好计算机的恢复工作，学校除了办公电脑外，还有几十台"班班通"设备，这些电脑不像办公电脑专人使用，容易造成硬件和软件的损坏，为此，每台"班班通"设备都做了镜像还原系统，对设置好的C盘做一个"ghost镜像"，并用光盘、U盘、移动硬盘或者数据服务器进行备份，方便在系统崩溃时进行一键恢复。学生用机除了以上的设置外，还禁用USB接口，安装上网健康软件且关闭网络共享，确保电脑的正常使用。

（三）涉密计算机及重点数据计算机的管理

对于学校的涉密计算机和重点数据计算机，采用专人管理，除了连接专用网络外，禁止接入互联网。数据备份需要专门的U盘，防止信息的损坏和外泄。

（四）做好电脑的防病毒处理

学校所有电脑，都安装杀毒软件和360安全卫士，并进行及时更新。这样才能保证电脑应用中的安全问题。

（五）合理设置服务器、校园网站和个人用机的安全。

目前学校网站搭建在"三学苑"教育资源网络平台上，在使用中一定要确保账号的安全，做到专人管理，防止账号被盗，给网站安全带来隐患，不要在不安全的电脑上登录学校网站。

学校微信平台也是宣传学校教育教学工作的阵地，同样要专人管理专人使用，防止账号被盗，避免造成不可估量的损失。

对于需要上传到网络的信息，严格按照"安顺市实验学校网站信息及微信公共服务平台信息发布制度"的相关规定进行操作，确保信息的安全无误。

总之，校园网的安全问题是一个较为复杂的系统工程。长期以来，从病毒、黑客与防范措施的发展来看，总是"道高一尺，魔高一丈"，没有绝对安全的网络系统，只有通过综合运用多项措施，加强管理，建立一套真正适合校园网络的安全体系，才能提高校园网络的安全防范能力。

幼儿园安全管理之策略

贺晓静

幼儿园必须把保护幼儿的生命和促进幼儿的健康放在工作的首位，幼儿年龄小，缺乏自我保护能力且生活经验少，幼儿在园里的生命安全牵挂着所有家长的心。在此，我们对安全工作大胆进行了实践与探索，实施一系列创新策略。

策略一："一条红线"贯穿安全管理体系。没有制度的约束，就没有完善的安全管理体系。"一条红线"即安全保障是安全管理制度的贯穿点，我们先后修订了《幼儿园安全一日生活常规规定》《家长接送幼儿制度》《户外活动安全要求》《幼儿园大门管理规定》《大型活动安全管理制度》《幼儿园意外伤害处理办法》等制度及管理办法，让这条红线始终贯穿、不断细化、建立健全并严格执行，进行常效动态化管理，真正起到引领示范作用。

策略二："两个重视"开启安全工作的大门。重视培训。在全园开展各种安全培训（消防安全知识培训、教学安全防范培训、传染病预防安全培训、食堂食品安全工作培训等）；定期召开全园和各部门的安全常规会议，会上分管后勤的园长对全园或各班近期安全工作情况进行分析、小结，找出存在问题并制定相应措施，而各块安全工作会就进行安全经验分享，解决疑惑等。重视实践。幼儿园定期开展地震、火灾消防疏散演习，让幼儿在模拟现场中熟知逃生方法；各班在教学活动中融入安全的主题活动，让幼儿在图文并茂的教学中或情景剧的形式中潜移默化得到教育；教职工在消防工作培训课上，必须熟练掌握灭火器的使用，特别是食堂工作人员在模拟火场中规范灭火自救的安全环节，将安全工作落到实处，完成从理论到实践的提升。

策略三："三种常态"规范教师、家长、幼儿行为意识。安全宣传常态化。充分利用家园微信平台、园内橱窗、宣传板、"家长园地"等，向教职工、家长宣传我园安全工作的意义、要求和动态，特别是传染病疾控预防安全和幼儿离园管理，得到家长的支持和配合。家长文明入园常态化。家长文明的行为是提升一个幼儿园品质的关键点，规范家长的文明行为，要求家长严格遵守幼儿园的各项规章制度，如：校园内禁止吸烟、早晨送幼儿入园必须排队晨检并亲自将幼儿交到老师手中、中途有急事接孩子离园须作登记、出园要有当班老师开具的放行条、幼儿因故不能来园必须请假确保幼儿的安全。教职工一岗双责常态化。由于我园下午5:10家长接幼儿时人员众多，楼道狭窄，存在极大的安全隐患，我园实行家长错时进园、专线分流，领导带头站位、行政人员点对点守岗，层层把关最大化杜绝家长进园内接孩子的拥挤与杂乱带来的极大安全隐患，从园领导到保育员全部按岗站位，把好职责关，做到安全管理无死角。

策略四："四处用心"强调安全的成效性。教师保育员工作用心，风雨无阻。幼儿在园内的生活存在许多安全隐患，教师每天都得用心管理，保教工作的每一个环节（室内教学活动、户外游戏、进餐、如厕、午睡、离园）无不要求老师们的用心。消除安全隐患用心。在设备设施安全管理方面，幼儿园在户外地面人造草皮、幼儿厕所铺设防滑条、墙角铺贴防撞胶到全面安装监护系统等，将幼儿园消除隐患做到细致入微。保健老师晨检用心。晨检的"望、问、摸、察"杜绝了状态不好或外表特征疑似传染疾病的幼儿入园，并及时让家长带孩子就诊，保障了孩子们的疾病防治安全。食品安全加工制作用心。食堂加工幼儿入口食物的流程，从采购到验收、入库、出库、精细加工、配餐、餐具消毒等一系列环节，严控精管，专人把关，将食品安全工作做到成效最大化。

安全就是信誉，安全就是生命，在幼儿的一日保教活动中，我们始终绷紧安全弦、做好安全事、落实安全责，让创新的安全策略，在整个幼教工作中保持良好的循环状态，为孩子们拥有舒适安全的教育环境，搭建坚实的平台。

让安全之花绽放校园

何孝友

安全不保，何谈教育。早在多年以前，我校领导就提出了"安全稳校"的思想，明确提出学校安全工作要常抓不懈，坚持以"办人民满意教育"为宗旨，努力打造"平安校园""和谐校园"。要认真贯彻落实上级有关安全工作精神，加强安全管理，维护校园安全稳定。从增强师生安全意识、强化学校安全管理入手，居安思危、警钟长鸣，为教学工作的顺利开展铺平道路。作为一个后勤工作管理者，结合工作实际，我认为对后勤安全工作不仅要高度重视，而且要措施得力，管理力度要进一步加大。要从大处着眼，小处着手，防微杜渐，要进一步强化学校后勤安全管理，才能取得明显的效果。

一、加强领导，明确分工，落实安全责任

学校要始终把安全工作摆在突出位置作为大事来抓。为进一步做好学校安全管理，切实加强对安全教育工作的领导，学校每年都要成立安全工作领导小组，由校长任组长，分管副职任副组长，中层干部为成员，并要求根据学校安全工作的特点，健全和完善学校

安全工作的相关制度，明确各部门的具体责任，把安全工作具体落实到人，做到每一项工作都有相应的专管人员和主管领导，从而形成以校长亲自抓、分管领导分别抓、中层干部具体抓，全校教职工齐心协力、齐抓共管安全工作的良好局面。

二、健全制度，职责分明，监督落实

制度是落实安全的重要保证，进一步健全和完善学校现有的安全规章制度，明确岗位，职责分明，严肃纪律，责任到人，是我校开展安全工作的一个经验。学校安全工作会议定期召开，做到有内容、有记录，并结合学校实际，制定各项安全工作预案等。学校实行了安全工作检查督导制度，通过建章立制使安全工作教育活动制度化，确保了制度的贯彻落实。

三、及时开展安全排查整改，做到防患于未然

为落实安全工作的过程管理，我们安排后勤相关人员每日一巡查，每周一排查，经常性地对学校校舍和运动场地、设备设施、体育器械进行检查，填写安全检查记录表，并根据需要邀请专业人士对校园进行不定期的检查，查找安全隐患，不留死角，发现问题，及时采取有效措施加以解决。凡是不符合《建筑法》《中小学（幼儿园）安全管理办法》等法律法规要求的校舍及设备设施，要坚决修缮，停止使用，直至拆除。严格对校舍及设备设施的监管，在修缮、改（扩）建校舍和进行校园配套设施建设的过程中，严格按照基建程序办事，从严把好质量关。凡是校舍建筑工程项目必须由持有勘察设计许可证的单位进行设计，必须由具有相应资质的单位和

个人进行施工，未经相关部门验收合格的工程坚决不能接收使用，出现了问题，更不能瞒报、漏报、不报。同时根据汛期、冬季等特殊时段，开展地质灾害、防凝防冻的专项安全排查，排除安全隐患，确保广大师生的安全和教育教学的顺利进行。

四、突出疫防安全重点，严把传染安全关

冬春时节是各类传染病的高发期，而学校人员密集，又是流行性传染病的易发场所，为有效控制各类传染病在学校流行和蔓延，学校要牢固树立"健康第一、预防为主"的理念，本着对学生生命安全负责的态度，加强教育宣传，认真落实校园、楼道、教室、厕所等定期消毒、定期排查、层层上报、主动预防、责任追究等五项制度，切实加强学校流行性传染病的防治工作。疾病预防等安全知识宣传到广大师生及家长，为全社会共同关注学校安全工作营造了浓厚的氛围。

五、开展安全宣传教育，狠抓制度落实

学校要充分利用广播、宣传栏、"国旗下的讲话"、班队会、张贴安全温馨提示等途径，开展安全宣传教育，逐步形成一整套可操作的制度体系和安全应急预案体系，狠抓制度的落实，认真履行安全工作的检查、报告和责任追究制度，强化师生意外事故的报告程序，突出安全事故发生后要在第一时间逐级上报机制，对忽视安全事故、玩忽职守而导致事故的发生，甚至造成严重后果的，坚决追究责任，决不姑息迁就。与此同时，学校还要结合安全事故的特点，组建安全事故应急队伍，适时开展应急演练活动。搞好学校物

防、技防等工作，确保学生的身心健康，还要联合公安、文化、卫生、质监、城管等部门，加强对校园周边环境的整顿治理工作，确保校园周边安全。

校园是我家，安全靠大家。只要大家时刻绷紧"安全"这根弦，安全工作天天讲，时时讲，月月讲，年年讲，那么在学校党总支的坚强领导下，在各部门的通力合作下，在全校师生的共同努力下，将安全工作狠抓落实，常抓不懈，就一定会让安全之花绽放校园，常开不败。

浅谈幼儿园的安全教育

陈全慧

长期以来，幼儿的安全及安全教育一直是幼儿园高度关注的问题。因为安全是幼儿健康成长的重要保证，而幼儿期的孩子活泼好动，好奇心强，什么都想去探究一番。但3~6岁的幼儿身体的协调性还处于一个比较差的水平，也缺少一些必要的生活经验，自我保护的意识较差，常常不能预见自己行为产生的后果。这就给幼儿的家长和幼儿园的幼教工作者提出了问题：如何做好3~6岁孩子的安全教育工作呢？为避免孩子受伤害，我们常见家长对孩子"千般照顾，万般呵护"，在幼儿园里教师时时要求孩子不要跑、不准闹。当然，家长和教师都有保护幼儿生命安全的责任。那幼儿园要怎么做才能达到良好的安全教育的效果呢？

一、安全教育的前提是创设良好的环境

幼儿园环境作为"隐性课程"在幼儿园教育中起着举足轻重的作用。在幼儿园安全教育方面，首先是要保证孩子的活动是在安全的环境中进行。环境的安全包括：园舍的安全，设施设备的安全，消防的安全，食品的安全，还有近年来推出的情感的安全等。只有

在安全的环境中，才有进行教育活动的保障。

其次，幼儿园应利用环境是"隐性课程"的特点，让环境会说话，把安全教育部分内容目标融入环境创设中。其具体做法是：教师与幼儿共同创设相应的物质环境。在室内外布置一些常见的安全标识，如110、120、119等标识；在楼梯的一边贴上朝上的小脚丫（表示往上走），另一边贴上朝下的小脚丫（表示往下走），让幼儿上下楼梯时顺着脚丫方向走，避免拥挤；在地板上贴上各种常见的交通标志，让幼儿游戏时，地板上的标识成为道具的一部分；在窗台张贴禁止攀爬的标识；在消防箱上张贴关于"有火警了怎么办"的自救流程；在盥洗间用图画的方式把洗手的步骤贴在靠水龙头的墙壁上，等等。这样让幼儿以直观形象的方式从环境中就能懂得基本的安全知识。

二、把安全教育的内容渗透于游戏活动和生活活动

我们常会听到家长抱怨："这孩子，讲了多少遍不能动就不听，伤着了吧。"这其实不能怪孩子，幼儿时期的认知具有直观行动和具体形象的特点，因此，对他们的安全教育不应简单地归结为"不准动，不准摸"等行动限制和枯燥的告诫、说教，而应与孩子们的游戏融合在一起，并与他们的生活相结合，让孩子们在游戏中、生活中逐渐形成一种安全意识，以及应对危险的能力。《幼儿园规程》也指出：幼儿园应当把安全教育融入一日生活。

以幼儿园《消防安全》这一安全教育主题为例，首先老师会准备一些火灾的视频，让孩子直观地感知到"火灾很可怕"，同时引发幼儿讨论"发生火灾怎么办"这个问题。随着这一问题的不断讨

论，就会逐渐地引出一系列的教育教学活动——认识各种灭火器、灭火器的使用方法、认识消防车，请消防警察协助教授"认识消防服的工作原理""参观消防车"等知识，师、幼、家长共同收集材料自制消防用具和道具，在健康领域设计"我是小小消防员"的体育运动活动（练习匍匐前进），开展消防逃生演练，开展角色游戏起火了，老师和孩子一起布置游戏场地，由孩子扮演家庭角色、消防警察等，模拟表演、报警、救火、逃生等场景。这样生动的教育活动，孩子们就会记得牢。当孩子们知道了火灾危害性后，老师接着引导孩子们来讨论"火灾是怎么发生的"，然后在引导中融入用火的安全、用电的安全等知识，并让孩子当小小消防宣传员，培养孩子的安全意识和责任感。

幼儿园安全教育的内容很多，让其渗透于游戏与生活中，则会收到良好的教育效果。

三、教师在安全教育中的注意要点

教师是幼儿园安全教育的主要实施者。在保护幼儿的安全及进行安全教育时教师的角色是多重的，也是灵活多变的。其在进行安全教育时应遵循以下几点：

（一）采取集中教育时要给予正面引导

由于3~6岁孩子辨别是非的能力较弱，因此对幼儿进行集中教育时要采取正面引导原则。如幼儿园老师常会遇到这种情况：老师正在组织活动，如果有一名幼儿要喝水，马上就会有多名小朋友跟着说要喝水。其实，后面跟着的小朋友多半不是真想喝水，也未必是故意捣乱，而只是模仿以引起老师的注意。这时如果老师去表扬了坐得好的小朋友，然后继续教学活动，孩子们便回到了老师的教学之中。安全教育也是如此，当孩子们兴奋地满教室乱跑坐不下来时，老师走进某位已坐好的小朋友面前大声说："XX 小朋友已经坐好了，真是好孩子，老师接下来会请坐得好的小朋友当老师的小助手。"于是，喧闹的孩子会立刻到自己的座位上坐好，安静下来，这是正面引导中榜样的作用。

（二）随机教育，及时提醒

由于3~6岁幼儿安全意识较弱，因此，在日常生活中，随机进行安全教育是非常必要的。例如，玩大型玩具前，教师有必要介绍玩大型玩具所必须遵守的纪律要求；在孩子户外活动时，需要随时纠正孩子不当的游戏方法；在孩子使用玩具、学具、教具时及时纠正孩子不正确的使用方法；在孩子进餐、午睡、如厕等生活环节中，也要随时提醒孩子按正确的方法去进行，让安全意识逐渐在幼儿心里生根。

（三）让孩子学会自我保护

孩子受保护越多就越容易出差错，因为他们丧失了自我保护的能力。例如普通的滑倒时只要用手撑一下地便不会受到多大的伤害，但我们常见一些保护得过多的孩子只要是一滑倒便直直摔下，没有本能反应的手撑地的自我保护意识和自我保护能力。因此，我们要给孩子锻炼的机会，比如正确的走、跑、跳的练习，平衡练习，钻、爬、投掷的练习等都是让孩子动作更灵活、能更好地协调身体。从而减少自身带来的安全意外的发生。

四、与家长建立良好的沟通才能达到良好的教育效果

幼儿园安全教育的目的，就是保障孩子的安全，这不仅只是幼儿园以及教师的任务，也是家长的任务。家长与老师认识一致，教育方法一致才是安全教育达到理想效果的有效方式。很多家长常常是很注重孩子的安全，但往往采取"捧着、罩着"恨不能将孩子装进铜墙铁壁的堡垒里的消极做法。所以，幼儿园老师应采取多种方式与家长沟通。比如，与家长交谈、家访、家庭教育讲座、家长义工、家长参与教育教学、家长开放日、亲子活动等方式，让家长懂得正确的安全教育方法，进而和幼儿园很好地配合，形成教育合力，促进孩子健康成长。

学校楼道安全管理的几点做法

谢杰

学校安全工作事关千家万户的幸福，是维护社会稳定，推进学校素质教育顺利实施的重要因素。我校认真贯彻落实各项安全要求，将创建平安校园工作列为学校的头等大事，与学校德育工作紧密结合，坚持以防为主，其中"楼道安全"管理是一项必不可少的内容，现将我校的几点做法同大家交流。

领导高度重视。校长为第一责任人，学校把安全工作列入重要议事日程，每学期的开学工作都强调安排楼道安全管理工作，将班主任、科任教师的安全意识教育有效进行。还根据学校安全工作的具体分工，把涉及师生安全的各项内容进行认真分解落实到人，目的就是把学校的此项工作落到实处。

我校是九年一贯制学校，师生共计4千余人，教学班64个，教学楼3栋，每学期有多项大型庆典活动开展，比如开学典礼、安全疏散演练、体育节、科技艺术节、读书节等，还有每周一的升旗仪式，每天开展的大课间活动，这些活动开展的前提就是——所有师生安全有序地从教室到学校操场的指定位置！由此可见我校楼道安全管理的重要性，必须制定一个具体、可操作性强的管理办法才能保障所有师生的安全。

在学校党总支统一管理下，学校政教科具体负责此项工作，每个学期开学前，科室提前考虑布置此工作，结合学校实际，即各教学楼层的班级数量以及实际各年级教师人数，做相应合理的安排，落实各楼道口都有教师到岗，制定《安顺市实验学校楼道值日教师安排表》，通过一周的试行后进行调整，最终定稿下发到学校各科室以及相关值日教师。与此同时一并拟定楼道值日教师的责任范围和具体做法，比如提前到岗、督促各楼层班级的疏散时间等，然后召集所有值日教师进行岗前培训，让其更好地履行职责。楼道管理实施过程中我校还实行签到管理制度，每天安排行政值日教师对楼道值日的教师进行签到、签退管理。为将楼道管理工作有效开展，我科与学校保卫科共同绘制各楼层班级的具体疏散路线图，让每个班级的进出路线、具体时间进行准确安排以确保每位师生的安全。

所有工作的开展都需要不断地加强和改进，我楼道管理工作也不例外，在实际工作中也出现过一些疏忽或欠缺，比如临时工作安排导致楼道教师到位问题，上下两个楼层时间安排和疏散路线的科学性问题等，这些都是在我校楼道管理过程中出现的瑕疵，对此，学校也做出了具体的对策，就是将一系列问题进行有效分类和整理分析，找出解决的方法，并且要求及时整改，保证每个新学期开始前解决之前出现过的问题，还要提前做出预判，将可能存在的安全隐患降到最低，确保每一位师生的安全。

幼儿园食品安全管理工作之我见

刘小飞

食品安全工作是幼儿园工作中的重中之重，幼儿只有吃饱吃好，才能满足生理和智力的发育。因此，杜绝食品安全事故发生，保证幼儿园饮食卫生的安全，才能保证幼儿的身体健康及幼儿园教育教学工作的正常开展。下面我将从两个字来谈一下如何做好食品安全管理工作。

一、细——细化安全责任，落实到人

强化安全意识，健全组织和各项工作制度。饮食卫生管理不仅注重制度建设，更重要的是把日常管理工作做细。

幼儿园的食品安全管理，上到园长，下到食品操作人员，必须分工明确、责任清楚。园长、后勤园长要做好食品安全督查工作，保健老师要监督好餐具的消毒工作，厨房专管员要从每天的食材进、收、用、存方面进行流程上的督检，发现问题及时汇报、及时处理。

采购员、保管员要严把食品进货关，在原材料采购方面，严格执行定点采购制度，规范购货流程，严格筛选进货和储藏。厨师长要严把食物加工关，发现食材有问题停止制作并向上汇报，厨房工作人员保持个人清洁卫生，着装整齐、干净，工作时间穿戴清洁的工作衣、帽和口罩，按流程操作食物的清洗切配。只有层层把关、落实到人、细化责任，才能将工作做到实处。

二、勤——亲监督、勤检查、勤排患

食品安全管理工作要求管理者要亲力亲为，每日对厨房工作进行督查，管理者工作忙时，可以抽查厨房工作人员填写的记录，或者视频抽查一下食物加工的任一环节。工作较闲暇时可以亲自到厨房查看食物的采购、加工流程是否合乎规范，每天的督查不仅能让厨房工作人员提高警惕感，也加大了厨房的管理力度。

保健老师要勤思考、多动脑，排出科学合理的带量食谱，采购员要勤跑市场，货比三家，购买新鲜的食材，保证食物源头的安全。保管员要勤整理，先采购食物先出，有霉变坏损的食物及时处理。厨师要勤检查食材的清洗情况，勤检查食物的性状、气味以确定食物是否变质，对加工程序多的食物要认真操作，不要漏掉每一个环节。厨房工作人员要勤讲卫生，勤清洗食材，做好餐具消毒及食物留样工作。勤打扫厨房环境卫生，不留死角，保证厨房的干净。

总之，精细化管理是新时期幼儿园食堂安全管理工作中的新理念，是幼儿园未来发展方向的指引，在幼儿园食品安全管理工作中要坚持"细化""勤查"为基本原则，才能做好幼儿园食品安全工作，才能保障幼儿的身体健康。

一个人在家（安全教育课教案）

唐汶

时间：2017年4月7日

班级	大2班	教师	唐汶	活动名称	一个人在家
设计意图： 　　孩子一个人在家的时候，往往会发生一些让人意想不到的安全事故，危险就潜伏在孩子们身边，为了提高孩子的安全意识，了解一个人在家时的安全和危险行为，特设计本活动。					
教学目标： 　　1. 知道一个人在家时应该注意的安全事项。（活动重点） 　　2. 能够辨别一个人在家时的安全和危险行为。（活动难点） 　　3. 提高一个人在家时的警惕性，增强安全意识。					
教学准备： 　　1. 教师自编情境小故事。 　　2. 每组一张A4白纸，一盒水彩笔。 　　3. 安全小动画。					
教学过程： 一、谈话导入。 　　（1）爸爸妈妈有事都出去了，你一个人在家，你会有怎样的感觉呢？ 　　（2）一个人在家时你会做些什么呢？					

续表

教师小结：小朋友们一个人在家时可能会感觉无聊，可能会感觉害怕，所以我们会做一些事情来度过这段时间，有的小朋友会看电视，有的小朋友会玩玩具……但是，有的事情是我们可以做的，有的却不行，我们一起来看看这几个小朋友他们一个人在家时都做了些什么。

二、情境讨论。

幼儿根据教师的描述判断对错，并说明原因。

（1）妞妞一个人在家

教师描述：今天爸爸妈妈有事出去了，妞妞一个人在家，她觉得有点无聊，于是她在自己的卧室里看了看书，不一会儿，妞妞的肚子咕噜咕噜地叫起来了，她觉得有些饿，她跑到厨房，准备像妈妈那样给自己煮东西吃。

师：请小朋友们说说妞妞一个人在家时是做了些什么，她的做法合适吗？为什么？

幼儿讨论，回答教师问题。

教师小结：一个人在家时如果感觉无聊，可以看书、画画，安安静静等爸爸妈妈回来。但是煮东西吃、烧开水喝这些危险的事情是绝对不可以做的。

（2）明明一个人在家

教师描述：明明今天一个人在家，他先拿来自己的玩具玩了一会，然后又看了看电视，可是爸爸妈妈还是没有来，于是他爬上自家阳台，打开窗户，想看看到底爸爸妈妈还有多久回来……

师：请小朋友们说说明明一个人在家时是做了哪些事情，他的做法哪些可以，哪些不行？为什么？

幼儿讨论，回答教师问题。

教师小结：一个人在家时可以玩玩具，也可以看电视，但是不能做危险的事情，比如：爬窗户或爬其他高的地方，这样可能会摔伤甚至有生命危险。

（3）芳芳一个人在家

教师描述：爸爸妈妈刚出门，芳芳觉得很害怕，于是大哭起来，她十分想爸爸妈妈，于是，她打开门，准备上街找爸爸妈妈。

教师：芳芳这样做对吗？为什么？

幼儿讨论，回答教师问题。

教师小结：自己一个人在家，害怕时不要大声哭闹，不然可能会引起坏人的注意；更不能自己一个人溜出家门，这样可能会遇到好多危险，而且爸爸妈妈找不到你会很着急。

三、分组讨论：一个人在家时还应注意什么安全问题？

（1）教师：一个人在家时还应该注意什么安全问题呢？如果有陌生人敲门该怎么办？能不能玩火、水、电以及像刀子、塑料袋这样的危险物品呢？

（2）分组讨论：教师将幼儿分成5组，发给每组幼儿一张白纸和一盒水彩笔。每组推选一个能力较强的小朋友，请他用图或图加文的方法表现大家讨论的内容：一个人在家可以做与不可以做的事。

（3）教师对各组表现给予评价并小结。

活动总结：一个人在家可以看看书，听音乐，睡午觉，看电视，玩玩具。但不能大声哭闹，不能溜出家门，不能攀爬高处，不能给陌生人开门，不能碰家里的火、电、煤气、药物、刀具等危险物品，要记住爸爸妈妈的手机号、急救电话号码。

四、观看安全小动画，结束活动。

食品安全（安全教育课教案）

王凤娜

时间：2017年4月

班级	大（2）班	教师	王凤娜	活动名称	《食品安全》

设计意图：

《指南》明确指出："幼儿园必须把保护幼儿的生命和促进幼儿的健康放在工作的首位。"平时我们总是不忘对幼儿进行营养保健知识教育，却疏忽于对他们进行食品安全教育。我班的幼儿已有一定的识字量，而且喜欢也愿意去关注生活中的细节，本次活动的设计既贴近幼儿的生活又利于扩展幼儿的经验和视野，因此设计了本次活动。

教学目标：

　　1. 认识食品包装上的生产日期以及安全标志。

　　2. 能区分哪些食品是安全的，哪些食品存在安全隐患。

　　3. 增强食品安全意识，提高幼儿食品安全自我保护能力，培养幼儿良好的饮食卫生习惯。

准备：儿歌《蔬菜进行曲》、各种食品包装袋及瓶、罐、霉变及变质的食品若干、教学课件及视频。

教学过程：

一、律动儿歌《蔬菜进行曲》

二、谈话导入课题：小朋友平时最喜欢吃什么东西？

　　引导幼儿小结：你们喜欢吃的东西真是各式各样，但是有的食品吃了是有益健康的，而有的食品吃了则是对我们的身体有害处的，垃圾食物吃了以后会对我们人体造成一定的伤害，所以，小朋友们要少吃或不吃这样的食物，才会健康成长。

三、活动展开：认识食品安全标记。

（一）观看教学课件一，认识生产日期和安全标记。

1. 教师出示生产日期及安全标志的图片，请幼儿观察并辨认。

教师提问：图中的食品包装袋和牛奶瓶上有什么数字和图案？它们有什么用？

2. 教师给出正确答案：这是生产日期、保质期以及安全标记。它们可以告诉我们所购买的食品是不是安全的，可不可以放心食用。在保质期内的食品是安全的，过了保质期就坏掉了，吃了可能会生病。有安全标志的食品是安全的，没有安全标志的食品最好不要购买。和爸爸妈妈去买食品，可以提醒他们注意包装上的生产日期、保质期、安全标志。

（二）观看教学课件二，学习分辨变质食品的正确方法。

1. 教师提问：面包上面有什么，还能吃吗？开封后搁了一段时间的食品怎样才能知道有没有变质呢？牛奶、豆浆能在温室下放很久吗？

2. 请幼儿回答，大家评论。

3. 教师小结：在吃食物之前，我们要确定食物是不是安全的，可以先用眼睛仔细地观察一下有没有霉点，是不是变色了，还可以用鼻子闻闻有没有奇怪的味道，比如酸味或者臭味。如果颜色和味道改变，就说明这个食物坏掉了，不能吃了。新鲜牛奶、豆浆在室温下不能放太久。

四、学习选购食品的方法及了解过期食品。

1. 教师：我们在选购食品的时候应该注意些什么呢？（幼儿讨论）

2. 教师：老师带来了一段录像，请小朋友仔细观察录像中的叔叔在选购食品时特别注意了什么？（播放录像）

3. 教师：叔叔在选购食品时仔细观察了什么？（PPT 展示）

引导幼儿小结：我们购买食品的时候一定要看清楚包装袋上面的食品保质时间,过期的食品是不能吃的,否则会产生身体不适,还可能会发生危险。

五、实践游戏："食品检验员"

1.师：今天我们学习了一项新本领，学会认识食品包装上的生产日期以及安全标志，知道哪些食品存在安全隐患。现在老师准备了一些食品的包装以及各种食品，请小朋友来当食品检验员，检查一下哪些食品是安全的，哪些食品不安全。

2.幼儿检查，并介绍哪些是不安全的食品。

3.小结：小朋友们，现在你们都是合格的食品检验员了，以后我们一定要吃安全健康的食品。回到家后还要把我们今天学到的知识讲给爸爸妈妈听，让他们也吃安全健康的食品！

勇敢对校园欺凌说"不"（安全教育课教案）

杨希玺

授课班级：八年级 6 班	授课教师：杨希玺
授课时间：2017 年 9 月 1 日下午第四节	

课题	勇敢对校园欺凌说"不"
教学目的	本节课旨在让同学们了解校园欺凌的成因及危害，学会如何预防校园欺凌，掌握正确应对校园欺凌的方法技巧，提高同学们的自我保护能力，以及培养学生非暴力情感及勇敢机智面对校园暴力的品质。
设计背景	当前，暴力文化泛滥，社会生活又多出现"弱肉强食"的现象，对价值观还没定型、难以自我约束的中学生来说，这无疑为他们施暴于校园提供了鲜活的"榜样"，并且中学生心理、生理都不够成熟，社会经验也不足，往往对校园暴力认识不够，比如：有的缺乏对自我保护重要性的认识，缺乏自我保护方法和技巧，遇到侵害时则显得胆小怕事，不知所措；有的则受家庭、社会影响，遇事冲动，遇到侵害时，可能选择以暴制暴，不计后果。加之我班曾有同学经历过校园欺凌的事件，所以本节班会课开展教育很有必要。
	一、了解何为"校园暴力"。 　　1. 展示校园暴力案件的照片及文字材料，让学生对校园暴力产生直观感知。

　　举例：2016年5月16日，一段校园暴力视频疯传，一名男生被一名身体强壮的同学殴打，先是边拉上衣边踹，踹倒在地后继续踹胸部，不少学生围观，有的学生甚至嬉笑着说，"别打他腮""再来一遍"……据网友称，此事发生在五莲街头中学。经了解，事情发生在5月6日早饭后，当事学生因被同学起外号，怀疑同学向老师打小报告等产生不满，遂发生打骂现象。

　　2. 主持人："其实在我们的身边都发生过这样的事情，甚至有的同学亲身经历过，下面就请同学们来讲述身边的欺凌故事。"

　　举例：一位同学向班上一位学生每天索要一元钱，一共索要了十几元，你们说这是不是勒索？钱虽然少，是不是犯罪？

　　同学们畅谈自己所知道的欺凌事件。

　　3. 归纳校园欺凌的定义：校园欺凌是指发生在学校校园，由同学和校外人员针对学生身体和精神实施的造成某种伤害的侵害行为。其形式有：一是索要财物，不给就拳脚相加，威逼利诱；二是以大欺小，以众欺寡；三是为了一点小事大打出手，恶意伤害他人身体；四是同学间因"义气"之争，用暴力手段争长短；五是不堪长期受辱，以暴制暴，等等。校园欺凌还可分为硬欺凌和软欺凌，如果拳打脚踢、拔刀相向是硬欺凌，乱起绰号、造谣污蔑等就是软欺凌；软暴力对学生心灵的伤害，甚至超过了硬欺凌。

　　（这一环节通过看照片、读材料、讲故事让学生对校园暴力产生直观感知，知道校园欺凌就在我们身边，激发其自我保护意识，也为分析校园欺凌的危害提供材料。）

二、校园欺凌的危害。

　　校园欺凌对施暴者和受害学生都有极大危害。对施暴者一方而言，容易使其形成以强凌弱的暴力意识，从而走上违法犯罪的道路。对受害学生来说，由于校园欺凌具有一定的隐蔽性，受害人往往受到对方的威胁而不敢向老师、家长和有关部门报告，因此会反复遭到勒索、敲诈和殴打，身心健康倍受摧残，必然影响其

教学过程	学习、生活和其他各个方面。同时也直接影响到其家长的正常工作，影响到学校的正常秩序，甚至破坏社会的和谐、法律的尊严。（图片、文字、视频展示危害） 三、提问并分析校园欺凌形成的原因。 　结合看过的、听过的甚至亲身经历过的校园欺凌案例讨论分析： 　1.为什么很多时候施暴者能屡屡得逞？ 　2.校园欺凌案施暴一方都有些什么样的性格特征？ 　3.在哪些情况下我们最易遭到校园欺凌的侵害？ 　受害者： 　1.性格内向、懦弱，缺乏自信心，易忍气吞声，可以委屈自己而顺从别人。 　2.缺乏法律常识，缺乏自我保护意识和能力。 　施暴方： 　1.强烈的好斗心理和过分要强。 　2.性格严重内向，压力长期累积不得释放。 　3.性格孤傲，不听意见，逆反心理强。 　4.缺乏法律常识，做事不考虑后果。 四、面对校园欺凌该怎么办？ 　1.结合校园欺凌成因谈谈怎样才能避免自己受到校园欺凌的侵害？ 　预防措施：不摆阔气；学会调节和控制自己情绪，同学间有矛盾及时化解；不结交不良朋友；与人相处，不能恣意妄为，要学会合作交流，又要讲原则，遇事不能一味退缩；在外不存贪婪之心；对不熟悉的人的邀请要心存警惕；发现违法犯罪现象，要及时报告，否则就是在姑息养奸。 　2.情境训练：一旦遭遇校园欺凌，怎么做才是正确的？（提供以下几种情境，学生分小组分别讨论应对方法并选派代表发言或情景表演）：

	（1）当发现有人背后跟踪时 （2）当敌众我寡时 （3）已被欺凌侵害后 （4）当同学被欺凌侵害时 （参与到学生讨论中，评价恰当与不恰当的反应，给予学生正确指导，强调运用法律武器保护自己的合法权益。） 3.讲述从网络上收集的智斗歹徒的故事，总结面对校园欺凌的原则：一是冷静面对，斗智斗勇；二是敌众我寡时，不妨委曲求全，但绝不忍气吞声。
课后反思	确定这个主题是因为我班曾经存在校园欺凌的现象，让同学们对校园欺凌引起足够重视，欺负别人的同学意识到问题的严重性，被欺负的同学敢于说"不"，并避免此类问题的发生。通过这节课可以看出同学们对校园欺凌的了解并不够深入，以后还要多多教育，对有可能被欺凌和欺凌别人的同学多加关注。

安全伴我行（安全教育课教案）

韦玮

授课班级：八年级（1）班		授课教师：韦玮
授课时间:2017 年 9 月 1 日下午第 4 节		
课题	《安全伴我行》	
教学目的	通过本次主题班会，普及有关安全知识，让学生意识到人身安全的重要性、应遵守的安全秩序；明白应正确上网、安全上网，并保持在网上交友的谨慎，树立自护意识。	
设计背景	根据学校 15511 工程——"学校安全人人讲，安全学校个个赞。安全知识时时记，注意安全处处提"。	
	班会流程： 一、导入： 　　主持人：同学们，大家好！今天我们的班会主题是《安全伴我行》。下面，请班主任讲话，大家欢迎！ 　　班主任：亲爱的同学们，学校对于我们来说，既是学习的乐园，也是温暖的家庭。所以，校园安全成为了一个不可忽视的话题。校园安全与每个师生、家长和社会有着切身的关系。那么面对危险和困难，我们该怎么办？让我们行动起来，学习和掌握自护自救的知识，从容地面对危险，让我们与自护相伴，与平安同行。	

二、讨论：说说感触

图片展示：

2009 年的一个傍晚，湖南的一所中学里下课时由于楼道上有一名学生滑倒，导致了接二连三的踩踏事件，造成了 8 名学生遇难，26 名学生受伤。这是一个令人悲痛的校园事故惨案。看到这些，我们为那些消逝的生命而难过。那么，如果遇到类似的踩踏事故发生时，你会怎么做呢？

同学甲：我会主动出来疏散大家。

同学乙：如果遇见了较为严重的情况，例如已经跌倒，我觉得还是到平地侧身抱头、蜷腿护腹等方法自保为好。

主持人：同学们都有各自的意见。如果我们平时多学习一些安全知识，就可避免悲剧发生，其实最有效的方法，是预防发生校园踩踏事件的措施。上下楼梯靠右行，不推挤不滞留，用最基本的安全常识保护自己。

三、看小品，议一议

主持人：在校园里，同学们的相处是一个大的问题。在友情的产生中，矛盾也会被不时地激起，所引发的欺凌、打架斗殴便是校园暴力。下面，请大家欣赏一个关于校园暴力的小品。

（学校门口）

A：终于放学了！肚子太饿了，我要买许多的汉堡！

B：同学，我找你有点事，麻烦你过来一下。（拽着 A 走到 C 与 D 面前）

C：小子，我是这学校的大哥，左青龙右白虎，麒麟在上玄武在下，最近哥们儿几个手头有点紧，找你借点钱用。

A：什么借钱，这不是明摆着打劫吗？！（转头想跑）

D：（拉住）还想跑？我们就是来打劫的，今儿个不拿出钱来就等着吃刀子吧！

A：（掏出几块钱）我拿，我拿就是了！

教学过程	C:（把 A 书包抢了过来）你当我傻呢？就这几块钱买口香糖都不能吹泡泡，你这不还有好几十吗？ E 路过，见势放慢脚步，犹豫该怎么办。 B:E，你要是明天敢告诉老师，吃刀子的就是你！ E（跑远）：算了算了，这事我管不了。 C（看了 A 的学生卡）:A，你要是敢报警，就叫你父母给你准备棺材吧！ A（同学们，我该怎么办呢？） E（我又该怎么办呢？） 主持人:刚才的小品中，面对校园欺凌时，大家的反应不一样，当大家遇见了 A、E 的情况时，我们可以这样做： 第一，在威胁与暴力来临之际，首先告诉自己不要害怕。要相信邪不压正，大多数的同学与老师，以及社会上一切正义的力量都是自己的坚强后盾，会坚定地站在自己的一方，千万不要轻易向恶势力低头。而一旦内心笃定，就会散发出一种强大的威慑力，让坏人不敢贸然攻击。 第二，大声地提醒对方，他们的所作所为是违法违纪的行为，会受到法律严厉的制裁，会为此付出应有的代价，在能确保自身安全的前提下大声呼喊求救。碰到施暴应尽量保持镇静，不要惊慌，有勇有谋地保护自己。无论如何一定要记住施暴者的人数和体貌特征，以便事后及时报警或报告老师。最好是运用自己的智慧与坏人进行周旋，达到既能保护自己，又能巧妙制服坏人的最佳效果。 第三，如果受到伤害，一定要及时向老师、警察申诉报案。不要让不法分子留下这个小孩"好欺负"的印象，如果一味纵容他们，最终只会导致自己频频受害，陷入可怕的梦魇之中。告诫大家：千万不能因为一时害怕而选择怯懦，不报警只能助长施暴者的嚣张气焰，他们不仅还会不停地来纠缠你，而且还会继续危害其他同学。若被很多坏人围着，要明白逃为上策，这个时候就

要斗智斗勇，尽量周旋拖延时间，逮到机会撒腿就跑；如果遇到对方先未动手，而是"谈判"，先尝试谈判，见机不妙撒腿就逃。要明白人身安全是首位的，面对围困时要"做个小人"，避免使用挑衅性语言激怒到对方，防止暴力发生或升级。

最后，还要记住下面这几条校内安全常识：

1. 课余时间玩耍要注意安全。

2. 同学间不要做危险游戏。

3. 体育活动中的自我防护。

4. 不要在教室里互相追赶。

5. 不要把开水往窗外倒。

6. 不要站在窗台上擦玻璃。

7. 不要在打球时戴眼镜。

8. 不要在下课时追赶推攘。

9. 不要爬围墙进出校园。

10. 不要跑步上下楼梯。

11. 不要聚众打架。

四、了解网络

主持人：成长的途中，我们未免要尝试许多新的事物。网络，作为 21 世纪的代名词之一，因其广泛的功能深受人们的喜爱。然而，我们作为新时代的年轻人，网络更是容易让大家沉迷其中。

网络交友，是一个利用网络与世界各地的人交朋友的一个方法。网络交友既可以聊天放松，也可以拓宽视野，学习到许多课本以外的知识。然而，年轻人多缺乏社会经验与辨别能力，许多人因为网络交友被骗取钱财与个人信息。该如何避免这样的情况发生呢？

1. 不交语言恶劣的网友。

2. 聊天时保持适当谨慎，不轻易透露个人信息。

3. 适当聊天，不沉迷其中。

4. 不要轻易与网友见面，更不要泄露自己的住址、家庭状况。

除了网络交友，网络游戏更是吸引年轻人沉迷网络的一大原因。网络游戏因为其特殊的视角、画面、操纵玩法等，让许多人爱上甚至沉沦。因为缺乏辨别能力，越来越多的学生为了充值游戏货币而不惜砸下零花钱，或者靠偷、抢得到钱财，让家长与老师十分伤脑筋。不仅如此，网络游戏因为需要长时间盯着屏幕，眼睛的视力会下降得很快。网络是一把双刃剑，但最重要的，还是我们自己掌握住剑的方向。例如，给自己找书来读，出去运动，渐渐减少上网的时间，合理安排上网放松。树立绿色、健康上网原则。

五、畅谈收获

主持人甲：这节班会课，我们学习了一些校园安全知识，相信同学们一定有了不小的收获，现在就请同学们谈谈都有哪些收获吧。（同学们自由发言）

六、班会总结

班主任：同学们，今天我们上了一节非常有意义的安全教育课。安全是我们一直在强调的问题。生命只有一次，珍惜生命，了解安全常识，让我们共同迎接一个光明的未来！

课后反思	开学第一周，利用班会课，我们制作了关于安全教育的PPT，通过视觉冲击，让学生深刻意识到安全的重要性，当然，一次课只能是浅显地在学生心中划过一道闪电，我在以后的课堂教学中，要让安全意识永扎学生心中。

校园暴力的认识及防范（安全教育课教案）

安顺市实验学校 陈小桐

教学目标：

1. 认识什么是校园暴力，并学会必要的应对措施；2. 认识什么是语言暴力，并知其危害，懂得规范个人言行；3. 学会用正确的方法处理同学之间的矛盾和纠纷。

教学过程：

一、以学生为主体，导入新课

（一）课件出示各种校园暴力案例，学生观看并思考：通过观看案例，你明白了什么？

（二）学生汇报，师顺势提示并总结。

二、引导学生，反思自我

（一）引导学生理解"校园暴力"的定义。（校园暴力是指发生在校园内外，由学生、教职员工或校外人员针对学生生理或心理实施的、达到一定伤害程度的侵害行为。）学生阅读并初步理解。

（二）师提出问题：如果遇到校园暴力，我们应该怎么办？让我们一起来看看下面这几位同学是怎么做的？（课件出示案例）

1. 上官拿着足球在操场上玩，有高年级的大同学要抢他的球。

上官灵机一动，装出很害怕的样子，讨好地说教室里还有一个新买的足球，要把那个新的送给他们，大同学就放他走了。

2. 放学时，方甫田在校园一角被几个高年级的学生拦住要零花钱，方甫田说钱放在教室里，并劝他们不要这么做，然后趁他们不注意，跑到老师的办公室里。

3. 课间，汪可欣高兴地踢着毽子，高年级的同学向她要，她装出要跟她们一起玩的样子，然后用眼神暗示旁边的同伴，让同学赶快去告诉老师。结果，老师及时赶到解决了问题。问：这几位同学的处理方法得当吗？谈谈自己的看法。

（学生自由汇报，老师顺势导学并小结。）

（三）师再次提出问题：那我们在遇到这样的情况时，怎样避免打架斗殴呢？

学生小组讨论后回答问题，教师加以概括，并板书：

1. 不要帮同学出气打架。

2. 不要"以牙还牙"。

3. 懂得谦让。（或学生说到的、合理的。）

四、师小结，引出另一个概念："语言暴力"。并问：什么是语言暴力？语言暴力会给人带来哪些伤害？

1. 课件出示"语言暴力"的定义：

语言暴力，就是使用谩骂、诋毁、蔑视、嘲笑等侮辱歧视性的语言，或者使用肮脏污秽、奚落挖苦、刻薄侮辱的语言，使他人的精神和心理遭到侵犯和损害。（学生默读）

2. 学生自由讨论：语言暴力有什么危害？（学生自由回答问题。）

师总结：丧失生活的勇气、厌学、逃学、犯罪、自杀等。

三、拓展延伸，加深认识

（一）学生读下面两个案例，并思考：会产生什么样的后果？并将自己的看法写出来。

A.杨岳是个非常要强的孩子，家庭条件也很好，学习成绩始终是年级里的前几名，唯一让他头疼的是自己的个子很矮，班里的同学总是以此取笑他"小不点儿"。为此，他很生气。

B.张小力将同学王天刚新买的MP3借去一个多星期，王天刚要求张小力还。张小力说：让我再听一周吧。王天刚不同意。无奈之下张小力只好归还了MP3，心里却很不痛快。放学后，张小力叫来几个人，强行扭住王天刚，把他推进了女厕所。王天刚急了，同张小力打了起来。

（二）学生自由思考并写出自己的看法后汇报，师顺势导学。

（三）学生联系今天所学及联系自身，进行反思，做到有则改之，无则加勉。

四、师总结，并提出要求。

《今天，你安全了吗》（安全教育课教案）

安顺市实验学校四（3）班　齐琦

【教学目标】

积极响应并践行学校"15511"安全教育工程。

【知识与技能】

一、通过对实际生活的观察，知道在家庭与学校生活中存在着安全隐患，活动中会有危险，要有安全意识。

二、初步知道一些有关安全用电，防煤气中毒、防火、防溺水、防摔伤、防动物抓咬等小常识，掌握一些避免伤害的方法。

三、初步知道与人打交道的一些原则通则，形成社交中自我保护的意识。

【过程与方法】

一、通过对实际生活的观察、游戏、讨论、交流，能认识到家庭、学校生活中容易存在的安全隐患，使学生对安全引起高度重视。

二、通过情景设计，知道怎样处理与陌生人打交道。

【情感态度与价值观】

一、通过对实际生活的观察，知道在学校、家庭生活中存在着安全隐患，各种活动也都会存在危险，引导学生发现安全隐患，知道只要自己注意，意外伤害事故是可以避免的。

二、通过探究活动，知道如何与陌生人打交道，掌握处理此问题的基本原则，指导他们在现实生活中的行动。

【教学重难点】

一、知道在学校、家庭生活中存在着安全隐患，各种活动也都会存在危险。

二、知道与陌生人打交道的一些原则，形成社会中自我保护的意识。

【课时安排】2课时

【教学过程】

第一课时

一、情景导入

同学们在进入今天的新课之前，老师想先做一个小调查。现在每天上下学不需要父母接送，自己回家的同学请举手。那有没有陌生人前来与你交谈的经历呢？你是怎么回答的？（学生分享）如果遇到接下来这样的情况，你打算怎么做呢？

活动一：你怎样与陌生人搭话

（一）展示课本上案例（可用文字、图片、影视）讨论交流，然后给出几种做法，让学生选择自己比较认可的做法。

1.直接告诉他，因为待人要诚实。

2.看着像好人告诉就告诉他，看着不像好人的就不告诉他。

3.就说我不认识你，我不能告诉你。

4.告诉他住在哪个小区，但不要告诉他具体门牌号。

（二）按照所选观点分成四个小组，各自阐明自己选择某一答案的理由（各组可先代表发言），然后进行辩论。在辩论中，如果谁的想法有了变化，可以换组。如果与这四个组的看法都不一样，可以单列一组。

（设计理念：把课堂还给学生，由学生自由掌控，充分发挥学生学习的积极性，给予独立思考的空间，倡导个性的自由表达）

（三）在学生充分辩论的基础上，教师引导学生进行总结，找出恰当的做法。

小结：同学们的表现真是太精彩了，你们的想法让老师有耳目一新的感觉，每个人都勇敢表达了自己的想法，真的很棒。通过讨论，我们现在知道了在面对这样的情况时，不管通过什么方法，我们只要做到既保护了自己，又不失礼仪，那就是最好的方法。

活动二：情景模拟：要不要开门

（一）可设计多个情境让学生讨论：

1. 家里没有防盗门，不知道对方是谁，可不可开个门缝看看？

2. 防盗门锁好了，可不可打开房门？

3. 对方说明与家人的关系，可不可以让他进来？

4. 对方要求留个纸条或借用电话与家人联系，可不可让他进来？

（二）结合讨论概括总结。

活动三：出示情景模拟：乐乐应该怎样处理，分组讨论，并将故事续写。

1. 四个大组从组内选出代表以表演的形式将故事演出来。

2. 大家评议哪个组的做法好，并说明理由。

讨论交流，乐乐应该怎么做呢？同学们帮她出个主意，把故事演完。

二、布置作业

以家庭、学校、生活安全为题，制作一幅手抄报。

全课总结：

通过对全课的学习，指导他们在现实生活中的行动，明白了生活中存在着安全隐患，要懂得防患于未然，有备无患，让自己在一个健康快乐的环境中苗壮成长。

安顺市实验学校四（3）班

班主任：齐琦

2017年11月

有坏人闯入（安全教育课教案）

穆德芳

时间：2017年3月17日

班级	大1班	教师	穆德芳	活动名称	有坏人闯入

设计意图：

　　根据大班幼儿发展的年龄特点，社会性得到一定发展，但对于社会上存在的危险情况不能自主地解决，有坏人出现，孩子会无所适从。以"有坏人闯入"为活动，旨在提高幼儿自我保护的安全意识，坏人来了要选择躲避是最安全的。由此，设计了本活动。

教学目标：

　　1. 知道有坏人闯入幼儿园自己该怎么办。

　　2. 能够根据情况选择正确的应对方式保护自己。

　　3. 通过情景表演，体会在面对危险时要机智勇敢。

教学准备：

　　1.《有坏人闯入》课件

　　2. 情景表演

教学过程：

一、活动导入：观看教学挂图。

　　教师出示挂图并提问：

　　（一）教师：如果有坏人进了幼儿园，小朋友该怎么办？我们一起看看飞飞是怎么做的？他的做法对吗？后来发生了什么事情？

1. 图上有谁？他在做什么？他发现了谁？可能发生了什么事？

2. 有坏人闯进幼儿园，飞飞是怎么做的？

3. 后来发生了什么事？坏人去哪里了？

（二）教师小结：幸好飞飞及时发现了坏人并报告了老师，要不然坏人可能就会来伤害小朋友和老师了，飞飞真是好样的。

二、活动展开：情景剧表演。

（一）教师谈话导入：那么，如果有坏人闯进幼儿园，我们还可以怎么做？请小朋友们来看一个表演，想一想下面这几种做法，哪一种正确呢？

（二）教师用布偶表演情景剧《坏人来了怎么办？》

场景一：看到坏人，小男孩自己冲过去和他打起来。

场景二：看到坏人，小男孩吓得大喊大叫。

场景三：发现坏人在远处，小男孩赶忙跑去报告老师。

场景四：正在玩耍，看到坏人出现在附近，小男孩偷偷躲藏起来。

三、活动展开：讨论坏人闯进幼儿园该怎么办？

教师：

（一）如果有坏人闯入，能不能自己跑过去抓他或者吓得大叫呢？

（二）如果坏人离你比较远，你该怎么办？离你比较近呢？

教师引导幼儿分组讨论正确的应对的方法。

四、活动总结：集体分享讨论结果，教师引导幼儿总结。

（一）分享讨论结果。请个别幼儿分享本组讨论结果，教师进行概括总结。

（二）教师总结。如果碰到坏人闯入幼儿园，我们不要害怕，要保持冷静，尽量不要让坏人发现。如果坏人离你比较远，你可以跑去告诉老师或者保安；如果坏人离你比较近，你要想办法找个安全的地方躲起来，就像这个小朋友一样。总之，遇到坏人，保护自己的生命安全最重要。

五、活动延伸：表演情景剧。

珍爱生命，安全第一（安全教育课教案）

九（11）班　王铮

教学目标：

一、知识与技能：充分认识安全工作的重要意义，了解校园安全隐患，掌握安全知识。

二、方法与过程：培养学生合作精神，提高学生解决实际问题的能力。

三、情感态度价值观：培养学生"珍爱生命，安全第一"的意识。

教学重点：

培养学生"珍爱生命，安全第一"的意识，掌握安全知识。

教学难点：

认识校园暴力，初步掌握处理校园暴力的方式方法。

教学准备：

一、活动前给学生合理分组，并布置学生收集在学校里我们需要注意的安全问题。

二、搜集资料，制作教学课件。

教学过程：

一、热身活动，激发兴趣

让学生课前欣赏歌曲《美丽校园》，感受校园生活的美好。

师：刚才的歌曲好听吗？从刚才的歌曲中我们感受到校园的生活是多么美好！学校是我们快乐学习、健康成长的地方，但是由于同学们的一些不当行为，往往会酿造出一起起我们不愿发生的安全事故。下面让我们一起去看看发生在校园里的一起严重的安全事故吧！

二、案例呈现，分析讨论

案例一：10月25日晚，四川省巴中市通江县广纳镇小学四年级至六年级寄宿制学生晚自习结束后，在下楼梯时发生拥挤踩踏事故，造成8名学生死亡，45名学生受伤。

案例二：11月8日，学生李某午饭后来到学校教学楼三楼走廊上玩耍，他右脚跨在走廊栏杆上，不慎失手坠落至一楼，因头部严重受伤，经抢救无效死亡。

案例三：某班的一位男同学，在体育课中，由于动作不规范，被自己的脚绊倒在地上，右肩着地，造成右肩粉碎性骨折，要植入钢板固定骨头，目前正在康复中。

案例四：在一节早读课前，某校一名女同学，因与一名男同学发生口角，一怒之下，拿起圆珠笔往男同学的手臂插去，导致男同学的手臂被插伤。

师：结合以上案例，谈谈你有什么启示？

生1：案例一让我们明白上下楼梯不要推搡，要靠右行。

生2：案例四说明与人发生冲突要理性解决。

生3：不规范的行为容易导致危险。

三、安全知识，合作学习

分组总结安全知识，每组由一人汇报。

①日常行为安全：不携带刀具、火种或其他危险品进入校园；

严禁勾引校外人员来校滋事、打架；不进网吧、游戏室、歌舞厅等娱乐场所；不在楼梯、走廊上追逐打闹、推撞；上下楼梯靠右行，不拥挤、不抢行；严禁攀爬围墙、栏杆及大树。

②体育课、实验课安全：上体育课时，要有防范意识，不随意投掷器材。实验课时要严格操作程序，按规范操作，不随意动用器材和药品，不携带任何化学药品出实验室。

③集体活动安全：班级、年级、学校组织的户外活动，要严格遵守活动纪律，听从老师的指挥，身体有不舒服的要及时告知老师或身边的同学。

④心理健康安全：心理上出现问题可采取适当方法加以排解，如找老师、家长、学生、朋友等倾诉。

四、认识校园暴力

案例：2016年6月10日上午，16岁的永泰县东洋中学初三学生小黄，在结束中考语文科目考试后，不能忍着剧烈腹痛继续参加中考，这才向父母道出了一个藏掖4年多的秘密：自小学五年级起，他就经常被其他同学无故殴打。8日晚，小黄再次遭同班同学夏某、林某和张某围殴，忍痛2天后被送医，却被发现脾脏出血严重，于11日晚，经手术切除了脾脏。

师：近年来中小学校的校园暴力凸现，令全社会关注。校园暴力是社会暴力现象在校园的延伸，社会暴力入侵校园，使危及校园安全的恶性案件不断出现。什么是校园暴力？

师生讨论归纳：所谓校园暴力是指在校园或校园周边地区所发生的师生之间、学生之间以及非学校人员对学校师生所实施的暴力行为。而校园欺凌成为校园暴力最为经常的表现形式。

学习资料：校园暴力的几种表现：

①打架斗殴。打架斗殴是校园里最常见的暴力行为，通常是一些品德较差的大同学，自以为有力气，就以大欺小、以强凌弱来殴打校内外的学生。除此之外，还有这伙中学生与另一伙中学生相互殴斗的现象，也称为学生打群架。中学生打架斗殴的发生具有时间上的规律性：放学时、考试结束时、秋季开学时、课外游乐活动时间、节假日。

②强索钱财。这种事件往往发生在中小学校门口或附近地区。大年龄的中学生向低幼学生强索钱财，以暴力相威胁，逼迫低年龄学生交出零用钱或学习用品等，并不准他们告诉学校和家长。此类事件不仅摧残了被袭击学生的心灵，影响他们的学习生活，而且造成许多家长人心惶惶，对孩子的身心和教育担惊受怕。

③毁坏物品。有的中学生由于心中的不满、怨恨等情绪作用，通过毁坏物品来表现和发泄。在一些中学里可以看到被学生破坏的课桌椅、墙壁、门窗等，其中一部分就是有的学生发泄情绪实施攻击的结果。这类攻击行为的目标可能是人也可能是物。

④争风吃醋。青少年生理、心理的早熟使早恋现象越来越呈现低龄化趋势，而早恋给青少年的成长和生活所带来的负面影响是显而易见的。但由于中学生心理不够成熟，往往会因为女生而产生嫉妒、排挤甚至仇恨的心理。小小的矛盾因为缺乏沟通和引导而酿成打架甚至凶杀等暴力事件。

师：当你遭遇校园暴力，你该如何保护自己？请大家小组讨论，由发言人总结本组发言。

讨论归纳：①在威胁与暴力来临之际，首先告诉自己不要害怕。

要相信邪不压正，终归大多数的同学与老师，以及社会上一切正义的力量都是自己的坚强后盾，会坚定地站在自己的一方，千万不要轻易向恶势力低头。而一旦内心笃定，就会散发出一种强大的威慑力，让坏人不敢贸然攻击。

②大声地提醒对方，他们的所作所为是违法违纪的行为，会受到法律严厉的制裁，会为此付出应有的代价，在能确保自身安全的前提下大声呼喊求救。

③保持镇静，不要惊慌，有勇有谋地保护自己。最好是运用自己的智慧与施暴者进行周旋，达到既能保护自己，又能巧妙制服施暴者的最佳效果。

④如果受到伤害，记住施暴者的人数和体貌特征，以便事后及时报警。不能因为一时害怕而选择怯懦，也不要让施暴者留下"这个小孩好欺负"的印象，如果一味纵容他们，最终只会导致自己频频受害，陷入可怕的梦魇之中。

⑤为了预防校园暴力，远离奇装异服的人。在上学、放学时和同学结伴而行；尽量走人多的大路，避开僻静的小巷；随身携带的财物（如随身听、手机等）不要轻易外露。

五、总结

师：同学们，希望通过这次主题班会能进一步增强我们的安全意识和自我保护意识。让安全系着你、我、他，愿我们的生活每天都充满阳光和鲜花！今天的班会到此结束。

用心的浇灌

昔日曾是乘凉人，今朝愿为撑伞者

李颖蕃

安顺市实验学校，是我反复书写的一个名字，我的幼儿园、小学、初中都在这个古槐为伴、桂花飘香的学府中度过，回想那些无忧无虑的时光，心中总是充满着安定与温暖，若干年后回到母校成为一名教师，我才了解到那份安全感的来之不易。

2016年，我受到国侨办的派遣，前往菲律宾开展为期一年的对外汉语教学工作，菲律宾南部的棉兰老岛局势动荡不堪，反政府武装制造多起爆炸事件，给那里民众的生活造成极大的影响，流离失所的民众只有两个安全的栖身之所——医院和学校。医院必然要留给伤员，其他民众则转移到当地的几所学校避难。那里的汉语教师告诉我，在菲律宾，这个经济水平相对落后的国家，学校是最安全的地方，因为这里配备了合格的消防设施、发电系统、储水设备，房屋的抗风抗震级别也必须符合相关标准。李克强总理曾说过："校园应该是最阳光、最安全的地方。"校园的安全，关系到每个家庭、每个国家、每个民族的未来。全世界，都把"安全"作为校园的代名词。

回首往事，年幼迟钝的我从未注意过，那青春恣意成长的校园内，"安全"两字同我们如影随形。入学第一天，在逸夫楼的走廊上，我们排成一队，在班主任的牵引下靠右边行走，欢声笑语的高年级哥哥姐姐与我们擦肩而过，反向而行，这份从容有序，让我在实验学校的年华从未慌乱。那年，小城安顺的第一座天桥，落户实验校门口，这座天桥，在川流不息的车流中，护送着我们上学放学，守护着一代又一代实验学子平安成长。冬天，凝冻如约而至，每天上学的道路陪伴我们的除了昏黄的路灯，还多了那些讲台上的熟悉面孔，他们手臂上那红彤彤的袖章，像个火把，护送我们安全进校门。那些年的消防日，全校师生会进行消防演习。拉响警报的刹那，大家都捂好口鼻，有序地跑出教室，在操场集合，这边与朋友还在谈论着上一刻的"惊魂"，那边消防员利用绳子从五层高楼空降而下，救出"被困人员"，英姿飒爽博得全校师生的阵阵喝彩。每年一次的演练，使消防逃生步骤随岁月的流逝，在我脑中清晰得不减分毫……实验学校，这个像家一样温暖安定的地方，给予年少的我们满满的安全感，这份安全感在每位实验学子的人格中延伸出对他人及世界的信任，使每位学子身上充满自尊、自信以及对现实和未来的善意。

阔别十年，我又再次回到她的怀抱，此时的我是这个家庭中的一名老师，身份的转变使我对校园安全有了更深刻的认识。加入到实验学校老师组成的守护者队伍中，每日清晨我们迎接着第一个学生乘兴而来，傍晚会陪同最后一个学生学成而归；我们保护着那一颗颗奔跑嬉戏的童心，却也及时制止孩子们暗藏危险的行为；我们在傍晚的校园中巡逻奔走，细致排查安全隐患；我们聆听青春的烦恼，陪伴在他们身旁，不让孤独和焦虑侵蚀青春的花苞……我们用自己的心血，给孩子们创造一片能够安全成长的净土。这时的我，方才明白，曾心安理得所享受的安全校园，原来倾注着一代代实验人的心血。岁月静好，逐梦无惧，这些，不过是有一位位老师在身后，为年少的我们不遗余力，负重前行，撑起一片供我们安全翱翔的天空。

校园安全建设任重而道远，绝非一人之力可使之完善，幸得有一代代实验人的无私付出，才得以创造出这一个供孩子们健康成长、追逐梦想的乐园，每当我看到孩子们一张张青春洋溢的脸庞，我的内心有一个声音在告诉自己："要尽你所能，给予他们一个安全逐梦环境，给予他们足够的安全感，守护他们这份自信与善良，就像当年守护着你一样！"

东篱的祝福

安顺市实验学校　王小兰

看着窗户外的蓝天，真想裁下一片白云，当做给你的第一张信笺——当你抖开信封时，一个雾蒙蒙的清早，那份美美的祝福，就会落到你的案前……

——题记

迎春花在微风的吹拂下，抖动着身躯，招呼草木，快快发芽长叶；唤醒百花，催促它们竞相开放。特别是那股远远飘去的幽香，浸透了空气，也浸透了人们的心。操场上记录着孩子们的笑语欢声；校门口的那棵老树，斑驳了锦瑟年华。下班的我沿着回家的线前行，虽是正午，这里还有鲜奶样清早的模样。我像一个首次航行的水手，终于踏上了绿色的港湾。

校门口外的斑马线，清晰地响起"现在是红灯，禁止通行"的声音，周边的人都循规蹈矩地站在路口，突然听到一个声音："等一下，等一下，九路等一下啊！"我闻声回头，看到一个中年妇女背着一大篓蔬菜，手中也提着几个小包，额头上渗着汗水，头发紧贴在额头上，有些凌乱，她着急奔跑，不管红灯是否还亮着。我抬头看了一下对面的红灯，还有32秒，可她却像离弦的箭一样冲了出去。她旁边背着书包的小女孩连忙拉住她的手："阿姨，现在是红灯不能通行。""哎，小姑娘，别管那么多闲事，现在不是没有车吗？"她挣扎甩开小女孩的手，向前奔去，突然一辆小车疾驰而来，吓了她一个趔趄。周围的人也虚惊一场，小女孩说："阿姨，这样真的很危险。"她把手里的菜放在地上，回头对小女孩说："谢谢你，小姑娘。"大家都把目光投向小姑娘，阳光般灿烂的笑容，我相信，那目光是最美丽的祝福。

回想很多年前在外读书回家过年，这远方的尽头，是父母的等候，折煞了诗的陪伴。愿，不求荣耀，只求归来、相守。

稍显老旧的汽车上，却坐满了青冥乡愁的游子。大家静默不语，沉思着家的美好，忆起离家的伤感，及当下对到家的盼望。

不一会，车止住不前。一个声音率先打破了宁静，"都往里面挤一挤，让车下面的乘客上来。"只见一群人吵吵嚷嚷地上了车，原本已经满座的车，现在变得十分拥挤。大家推推搡搡，乡愁也被嘈杂声打破。车上的场面，一度混乱。有座位的人互相聊天，没有座位的人，或半蹲着、或索性直接站着；不知何处又传来孩子的哭闹声……良久，售票员嚷着："前面有交警，麻烦站着的朋友都把头埋下来。"

超载负重，让车速有些缓留，司机一心只愿早些收工，开车争分夺秒，不顾交通限制。黄灯快闪为红灯时，一脚油门便冲了过去；些许时候，或直闯红灯。斑马线前，大声鸣笛。

人行道上摆满了形形色色的商品，鱼龙混杂。"你要乖乖听话，待在车里，不要乱跑哟！"一位母亲反复叮嘱孩子，便安心离开了。

然而，这位粗心的母亲忘了拿钱包，孩子拉开车门探头探脑地跑了过去。"妈妈……"还未喊出口，只见司机驾驶着汽车疾速驶来。"嘀"这亡命的鸣笛声，定住了司机，吓傻了孩子，震惊到了母亲和满车乘客……

"砰砰——"我受到震动，叮铃叮铃，此起彼落，敲叩着不安的恐惧……

司机临危不乱，向右急转，撞在了隔离栏上，汽车彻底失控，几个回旋，又撞上了绿化带。"吱咚——"巨大的冲力，撞破了司机的头，导致昏迷，那些蹲坐的人也都有不同程度的撞伤……孩子抱着母亲直哭不已，母亲也一味地数落孩子。我为这次有惊无险而庆幸。

这是寂静的脉搏，日夜不停。你听见了吗？"叮铃叮铃铃……"这蛊人的音调禁不胜禁，除非叫所有的风改道。

人们开始向冒黑烟的汽车，聚拢、议论。警察赶到了，前方，响起了"救护"的笛声……

这是东篱，也是黄昏。篱笆上，喇叭花举起淡紫的、纯蓝的喇叭。屋前的银杏树，捉弄着漫天飞扬的花絮。屋檐角，燕子扑棱着翅膀。院落中，两位坐立不安的老人，回去后因手部擦伤对我的嗔怪，我淡然一笑，每个人都有东篱小院的幸福。

如果悲伤能够熄灭，心便能安歇，灵魂也未曾受到侵扰，如同面纱垂下的寂寥，我却将它守候彻夜。

我的心失去了伤痛的资格，全身似乎被扣上了镣铐。慢慢没有感觉，天空中那飞旋着的碎片，是我无法触摸的梦。渐渐隧入黑暗，暮光中那闪烁着的露珠，是生命的眼角珠泪。当眼泪慢慢流淌，或许伤痛早已在心上沟壑纵横。

叶散时，你明白了欢聚；花落时，谁又领悟了生命？

风动，夜深只责秋悲微凉。冰冷的道路上，安全的茶杯，一杯已尽、一杯已凉。终成过往……

生活最大的挫折是：我本可以。

今晨，红水洒绿叶；明朝，无人可安心。一举一动，都皆谨小慎微。愿，无人再妄自菲薄，去自命不凡，为了个人利益……去伤害他人，又危及自己。望，常心系安全、心系平安。

待他朝，我再不奏响这风铃。将铃都摘掉，把塔都推倒……

这九天之下，讳莫如深，多少包含血泪的事实，昭告世人：人的生命何尝轻薄，何尝晃若悬丝。却只经平生一世，不可逆转。似乎，一次回眸，生命都会被抨击及扼杀。因而，人们应谨慎地对待生命，安全的守则应铭记于心。

早起，山谷吐出缕缕淡雾，小河捧起袅袅炊烟。一位孩子牵着一只花狗，向车上的旅人们赠送调皮笑脸……

我仍在看，看见了无限……

在安全之光照耀、健康雨露滋润下，东篱中，把平安的种子，散布于心田中。满园无尽的生命之花，含带着一个个花蕾，禁不住天灾风雨的肆虐，更担不起人祸风暴的抨击。我们应垒起安全的堤坝，用知识来完善自己，靠律法来制动行为。

月光要来温酒，山色殷殷劝怀，醉则不能醉，酒可以不饮？

亭外，一条枯枝影，青烟色的温情，在安全的光芒下提起一笔画。

阑珊中，那样言语道，在静沉中默啜着茶。一杯重温，一杯再斟；东篱小院下，希望每个人家看到游子归来其乐融融。满满的幸福，是我也是所有人的美好期望，光芒强了，渐当空……

课间十分钟安全重细节

俞隐芳

校园安全与每个师生、家长和社会有着切身的关系。从广义上讲，校园事故是指学生在校期间，由于某种偶然突发的因素而导致的人为伤害事件。就其特点而言，一般是因为责任人疏忽大意失职而不是因为故意而导致事故的发生。同时，课间十分钟也是校园安全事故多发的时段，小至两个同学间发生摩擦，大至发生学生安全事故。对于班级学生人数多，学生人均活动场地有限等实际情况，如何对本班学生"课间十分钟"进行有效管理，这是每个班主任必须完成好的一项具体工作，现就自己的一点看法与大家进行交流。

一、热爱班主任工作

作为一名教师，教书育人是一种责任，但是班主任工作不只是一种责任，还有一种和学生一起成长的荣耀，我们必须爱学生，当做自己孩子一样地去细心呵护！当班主任，要以乐观、积极的心态对待工作，要想各种办法与各类差生、各类问题孩子打交道。爱因斯坦曾说："热爱是最好的老师。"只有热爱班主任工作，才能拥有一双敏锐的眼睛去观察和发现孩子们的小细节，并从小细节中去看懂孩子们存在的问题和困难，并及时帮他们解决。学习和研究身边的同事是如何做好学生的教育工作、班级的管理工作的经验并吸取精华转为己用。热爱班主任工作，才会激起管好孩子们的热情，汲取精华，思考适合自己的工作方法。热爱班主任工作，才会用心记录下自己工作的每一天并加以反思和改进。

二、培养良好的行为习惯

行为习惯包括很多，在这里主要指培养学生的安全意识习惯。我自己是这么做的，在课余时间查找和课间安全的相关资料，让学生更生动直观地了解以下信息，如在各类校园安全事故中，溺水、交通、踩踏、一氧化碳中毒、房屋倒塌等事故灾难占59%，斗殴、校园伤害、自杀、住宅火灾占31%，洪水、暴雨、冰雹等自然灾害占10%等，一系列与安全相关的内容，目的在于让学生知道安全事故的危害。在此基础上学生能清醒地认识到父母给你的生命只有一次，所以每个人都要珍惜生命、注意安全。你们生活在幸福、温暖的家庭里，受到父母和家人的关心、爱护。学校里也有老师、同学的关心和爱护，你们的生活似乎并不存在什么危险。但是，在这短短的课间十分钟里，仍然有许多事情需要倍加注意和小心对待，否则很容易发生危险，酿成事故。最后提出我们必须养成良好的安全习惯，比如和同学之间游戏的尺度，有序地进门出门，风大时不要站在门边，在有限空间走路时要注意谦让等很细的要求和习惯培养。并与本班学生一起制定了班级公约、安全条款等，学生参与其中，表面看起来与其他班级的要求大同小异，但是这样做不光减轻了班主任的工作量，重要的是还培养了学生的主人翁意识，效果良好。

三、有效的管理方法

从担任班主任工作开始，每当自己接到一个新的班级，最先强调的就是安全问题，自己在强调这一方式上下了不少功夫，首先不光将安全停留在口头，只要我能发现，就会用任何一个合适的契机和相关的班会活动时间，结合本班学生的自身特点进行有效及时的学习及纠正，比如：1. 将同学间课间十分钟发生的存在安全隐患事例在班会上以小品、图片、游戏等非常规形式传播到学生之间，这样会入学生的心；2. 发现安全漏洞的时候用一些不同方式的角色互换，让孩子们能相互体谅并很快知道自己的不对之处；3. 结合三年级学生的特点，不定期地安排有趣的课间活动——"安全知识竞猜""室内游戏""我爱课外书活动"等学生喜欢的活动内容，再给同学们一些小小的奖励，实践下来还是有不错的成效，孩子们安全意识越来越强；其次就是结合学校的具体工作将安全内容再次进行强化，比如每学期的"安全消防疏散演练"，绝不止停留在表面，每次开展之前我都会组织学生进行演练前的培训和实践，活动后进行总结和反思，从演练的意义入手，结合学校的相关要求，让学生知道它的意义、目的、作用，然后利用多次的课间十分钟时间，严格按照指定疏散路线进行多次的实践练习，让学生真正掌握疏散的方法，认真对待每一次的练习，让演练成为一种常规。最后一点就是细节的管理，作为班主任的我也非常重视平时班级上一些所谓"小事"的管理，比如每天大课间时间学生的行走习惯。我要求必须两路纵队行走，快速安静，到达指定位子后立正姿势站立，而且自己做好榜样示范，与学生同样要求完成。我认为，只有将这些班级所谓的"小事"一件件做好做实，才谈得上班级的有效管理。

四、下一步的打算

从上面的几个内容不难看出要想让班级课间管理做出实效，应该怎么做？知识的更新是必不可少的，接下来自己将加强理论知识的学习；学习和培训是有效手段，自己利用一切机会提升自己的理论水平，学校多次的班主任外出培训也不同程度地提升了自己，开拓了自己的眼界；敢于创新是关键，通过理论与实践的结合，有一颗爱孩子们的真心与细心，希望看到孩子们每天健康快乐地成长，那么班级管理工作一定会做得更好更有效。

浅谈文明礼仪对安全教育的促进作用

付筱

安全教育是一个系统性工程，需要家庭、学校、社会的通力合作。就学校安全教育而言，需要领导班子、各个科室、全体教师员工共同努力。在这些教育管理者中，班主任对学生的安全教育起到重要作用。下面就从班主任的角度浅谈文明礼仪对安全教育的促进作用。

文明礼仪是人类为维系社会正常生活而要求人们共同遵守的最起码的道德规范，它是人们在长期共同生活和相互交往中逐渐形成的。文明礼仪不仅是个人素养的体现，更是一个城市、一个国家进步的重要标志。我国是拥有五千年文明的礼仪之邦，做文明人，行文明事，是在弘扬中华优秀文化传统。安全是人的本能欲望。马斯洛在需求层次理论解读中曾经说，安全需要处于第二层需要。也就是说，安全是做好一切的奠基石，是落实"以人为本"的根本措施。坚持安全第一，就是对国家负责，对学校负责，对人的生命负责。

文明礼仪教育与安全教育是德育工作中重要组成部分。班主任始终将这两项工作贯穿于日常管理工作中。可以说文明礼仪教育与安全教育两者之间有许多必然联系。日常加强学生文明礼仪教育对安全教育有促进作用。校园中，我们会发现一些不文明行为，例如：课下学生在走廊上疯打；在与同学的交流中，学生未使用文明用语；学生将消防设施当做玩具……生活中，我们同样也会发现许多不文明行为，例如：过马路，不遵守交通规则，不走斑马线、翻越围栏，在公交车上吃东西，在高速公路上行驶，司乘人员随意将垃圾抛出窗外……这些不文明行为都存在许多安全隐患。

作为班主任，我曾经处理过一起学生打架事件。某个课间，班上同学在教室里休息。另一个班级的男同学袁某在经过我班教室时，与自己相熟的同学吴某打招呼。但打招呼的方式却是拍头。吴某一开始并未理会，但等袁某再次路过我班时，再一次以拍头的方式与吴某打招呼。吴某将此事记在心里，等到下一个课间休息时间，来到袁某的班级，同样以拍头的形式打招呼。双方就因对方拍自己头部力道更大为理由扭打在一块儿，由一开始的疯玩现象升级为打架事件。试想，如果当初袁某在与同学相处时，以"你好"等文明用语打招呼，会发生打架这种情况吗？答案是否定的。还有一种情况就是在交流中没有使用文明用语。有一些同学不使用文明用语，是家庭影响。父母在批评孩子时用脏话，导致孩子认为说脏话是强大的标志，甚至有一小部分同学认为说脏话能让自己显得更加牛气。所以在与他人沟通时说脏话。这些不文明的语言大多数是咒骂他人父母的语言。双方关系好时，会忽略这些细节，一旦有摩擦，就会以对方咒骂自己父母为理由发生口角，愈演愈烈，最后演变为打架事件。

消防设施是指建筑物内的火灾自动报警系统、室内消火栓、室外消火栓等固定设施。它是我们遇到火灾时，防止火灾蔓延的重要设施，也是我们生命安全的重要保证。一部分同学由于自身安全意识的缺乏以及没有养成文明习惯，将消防设施当做玩具，损坏设施，最终造成隐患。殊不知，这些更是违法行为。《中华人民共和国消防法》第二十八条指出，"任何单位、个人不得损坏、挪用或者擅自拆除、停用消防设施、器材，不得埋压、圈占、遮挡消火栓或者占用防火间距，不得占用、堵塞、封闭疏散通道、安全出口、消防车通道"。勿以恶小而为之，有些不良行为看似很小，却影响学生一生的发展。

生活中的不文明行为更有可能威胁到人的生命。不遵守交通规则、不走斑马线、翻越围栏，容易出现交通事故；我们有时会发现一些小学生带着零食上公交车，这些零食会是带着长竹签的食物，在车上吃这些食品极有可能因为一个急刹车造成刺伤；高速公路上的部分交通事故是司机未绕开不明废弃物造成的……根据国家安全监管总局、交通运输部研究报告显示，虽然近年来我国道路交通事故降幅明显，但依然高发。目前，我国道路交通事故年死亡人数仍高居世界第二位，遏制道路交通事故高发、降低交通事故伤害仍然任重道远。2016年我国共发生道路交通事故864.3万起，同比增加65.9万起，上升16.5%。其中，涉及人员伤亡的道路交通事故212846起，造成63093人死亡、226430人受伤，直接财产损失12.1亿元。道路交通事故死亡率为2.14人/万车，同比上升2.9%。驾驶员措施不当、疏忽大意、超速行驶、违章占道行驶以及行人穿行机动车道是导致死亡事故的主要原因。如果行人、乘客、驾驶员都能有安全意识，文明出行，那么就会减少更多的家庭悲剧。

一个个案例告诉我们，文明礼仪教育与安全教育有相互促进作用。如果大家都能做文明人行文明事，许多安全隐患就会被扼杀在摇篮中。所以班主任在日常管理工作中需要有意识地将两者有机结合起来，从学生思想行为教育着手，规范学生行为，在学生中树立道德模范。以学生为辐射点，影响其班级、学校、家庭，甚至对社会产生影响。正如习总书记2015年10月对全国道德模范表彰活动作出重要批示："道德模范是道德实践的榜样。要深入开展宣传学习活动，创新形式、注重实效，把道德模范的榜样力量转化为亿万群众的生动实践，在全社会形成崇德向善、见贤思齐、德行天下的浓厚氛围。要持续深化社会主义思想道德建设，弘扬中华传统美德，弘扬时代新风，用社会主义核心价值观凝魂聚力，更好构筑中国精神、中国价值、中国力量，为中国特色社会主义事业提供源源不断的精神动力和道德滋养。"一个国家民众的行为得到极大提升后，民众的安全意识也会随之得到大幅度提升。

以文明为抓手，提高学生的安全意识，是以十九大精神为指导，牢固树立以人民为中心的发展思想的正确行为。让时代新风吹进校园，吹进每个学生的家庭，让文明、安全之花开满黔中大地。

入学安全教育日记　爱心伴随苗壮成长

廖运萍

8月26日

小朋友们好！欢迎大家加入安顺市实验学校，从今天起，你们就是一年级的小学生了，也是实验大家庭中的小主人公。你们要知道自己是一年级2班的学生，知道教室的位置，知道我是你们的班主任"廖老师"。今后我们要一起学习，一起生活，一起玩耍，在此之前我们要先互相认识。

老师自我介绍做示范："我的名字叫什么？我最喜欢什么？"学生轮流说。然后，开始练习。

一、整理好自己抽屉，将座位附近垃圾，扔入垃圾篓，把椅子放入桌内。

二、集合整队，做到"快、静、齐"。听到"齐步走"的口令，大家安静地向前行走，不说话，注意对齐前面以及旁边的小朋友。"不说话，把手牵，安静走到学校侧门，大家一起说再见。"

三、上下楼梯靠右走，不跑步，不从扶手上滑下去，要注意安全。

四、做好课前准备，静息（请坐好——头正、身直、肩平、脚并拢）等待老师进教室。上课时教学生正确使用铅笔，不用铅笔戳同学，做危险的事情。

五、课间不在教室、走廊疯打追逐，让安全班长课后在教室门口守着，提醒同学要有秩序地出入教室，不在厕所附近逗留玩耍，不到家属区玩。

8月31日班干部选举

经过一个星期的学习，同学们对学习生活有了认识，老师对全班学生有了一定了解。俗话说得好："火车跑得快，全靠车头带。"我会亲历指导，教给班干部管理班级的方法，如指导班长如何管理班级日常事务，指导学习委员如何在课前领着读书，老师不在的时候班里有人打闹怎么办，领读课文的时候有人不遵守纪律怎么办。小干部只有在老师的指导下结合自己的管理实践才能够不断地提高自己的能力。我对班干部提出的要求就是严格要求自己，在各方面做同学的表率，要能说而且能干，尤其要在所负责的工作领域，走在同学的前面，以自己的模范行为带动全班同学。在班主任工作中，我始终相信孩子，相信他们能行！孩子的潜能是无法估量的，他们需要锻炼，需要展示的时间与空间，这需要我们用慧眼和慧心来挖掘和培养。

9月1日参加集体活动

经过几天的排练，小家伙们排队开始像模像样，但是，路程一长，就会变成一字长蛇阵，需要随时提醒随意转拐的学生：今天要参加学校的开学典礼，第一次在学校领导、老师、大哥哥姐姐面前亮相，一定要给他们留下一个好印象。顺利完成开学典礼后，交代下午记得背上小书包，准时到学校。

10 月 20 日消防演练

　　小家伙们不知道什么是消防演练，费了不少精力，终于让他们明白，警报声响起，就要在老师的组织下安全有序地"逃命"。为此，我们一年级从一个星期前，就开始了我们自己的"排练"，要想跑起来，又要有模有样，那个场面，真的壮观。多亏了学校大力支持，安排大量老师，到处都是安全执勤岗，才在训练中没有出任何安全事故。终于在学校消防演练那天，警报声响起后，小家伙们安全、有序地进行了疏散。

　　转眼，一个学期过去，想起和他们相处的点点滴滴，在他们成长的同时，我也不断成长和进步，我很快乐，也从中找到了这份职业带给我的幸福感！

班主任的安全态度

刘仕红

我们常常听到这样一句话："老师是世界上除了父母以外，最希望他好的那个人，是最愿意和他分享成长喜悦的那个不求回报的人。"作为教师，我们默默无闻，我们竭尽全力。

2014年9月，我幸运地考进了安顺市实验学校，担任一名普通的小学数学教师。学校为了锻炼新教师，让我们快速成长，于是让我挑起了班主任工作的重担。回顾过去的点点滴滴，有欢笑，有感动，也有汗水，但更多的却是担忧。因为我希望孩子们每天都能高高兴兴上学，平平安安回家。

安全无小事！对待这群心智还未成熟的小学生，我只有时时处处小心谨慎。还记得2015年某个星期一的早晨，我正在办公室批改作业，突然两名女同学急匆匆地跑进来，告诉我班上的李某某和唐某某打架，李某某的眼睛被扎流血了。听到这个消息，我的心顿时一阵慌乱，心想：眼睛都流血了，该有多严重啊。我立刻扔下手中的笔，快速跑到教室，看到两个孩子都哭得稀里哗啦的。我二话没说，马上带着眼睛受伤的孩子去医务室检查，所幸只是扎破了眼球旁边的表皮，否则后果不堪设想。事后我了解了矛盾发生的起因经过，同学们竟是为了一块橡皮而引起争执，险些酿成大祸。借着这件发生在大家身边的事，我精心策划了一节主题班会，多形式、多角度地再次强调安全的重要性以及本次事件的严重性，并让两位同学反思自己的行为。没想到班会效果挺显著，孩子们知道了许多道理，例如"在班集体中同学之间要和睦相处""遇到事情切忌用暴力解决问题，动手只会让事情变得更糟"……此后，每当班级里发生类似的事，我都会及时让大家明白怎样处理最为妥当。一次次的安全教育，不但增强了同学们的安全防范和自我保护意识，还增强了班级的凝聚力。

　　班主任的工作很繁琐，除了教书，还要育人。我们面对的是一群天真烂漫的孩子，因此，从小让他们树立一个正确的人生观和价值观，从小让他们知道生命只有一次，安全第一更为重要。作为一名年轻的班主任，我将不忘初心，始终会把安全教育放在首位，让每一个孩子都能健康成长，美丽绽放。

用爱心点燃生命的希望
用安全托起生命的摇篮

伍泽芬

　　校园是我们的家，而一个和谐温馨、安定有序的校园是我们每位同学健康成长的乐园，是我们学习知识的殿堂，我们深知：教师的爱是一种神圣的爱。因为"疼爱自己的孩子是本能，而热爱别人的孩子是神圣"！我们的教师所给予的爱恰恰就是这种神圣。教师的爱是公平的，他不分贫穷和贵贱。教师思考的是学生未来的长远发展，他们从不因眼前的不理解而放任迁就。教师爱的情感是超人的，他们对芸芸众生能够区别对待，因人施教，做到对好学生不溺爱，对后进生不操之过急，要循循善诱。教师的爱包含母爱且胜于母爱，教师的爱包含父爱且超越父爱，是一种严格要求和精心施教的神圣的爱。

　　遵照"真情、真心、真诚"六个字去关爱每个学生，用我们的高尚的爱、无私的爱、神圣的爱，让他们健康成长。错过了对孩子们的爱的时候，我们要学会弥补。

　　班上一个调皮捣蛋的男孩在课间活动时，把一个憨厚老实的孩子撞伤了，我不管三七二十一地把他叫到办公室，从他在班级里的表现到学校的规定、班级的纪律，一句接着一句，说了十几分钟，他一直低着头，一言不发。可当我抬头看到他眼角泛起的泪花时，不知为什么，我的心突然停了一拍，放下心里的焦急，我轻声对他说："老师不是要骂你，可是你的行为实在很危险，你们都是一个班级的同学，你年龄比他们大，个子也比他们高，同学之间为什么就不能互相忍让，互相团结呢？"他停了一会儿，小声说了一句："我们没有发生什么冲突，我看他胳膊被撞伤了，我是去送他到医务室包扎。"我有些迷惑，继续询问下去，原来是他看到了那个同学跑得太快撞到他后反弹撞到了墙角上，胳膊受伤流了血，他没有犹豫就把那个受伤的同学送到了医务室去包扎，让另一个同学报告给我。听了他的解释，我一时间无言以对。原来是那个向我报告的孩子没有表达清楚，使我误会了眼前这个平时调皮捣蛋而又如此心细的孩子，我感到很内疚，由于自己对学生的偏见而深深伤害了学生幼小的心灵。从此，我养成了一个习惯，不管学生犯了什么错，到我这里来，首先要问的第一句话便是"为什么"？我不断地提醒自己——多问一句话，多等一会儿。

我在班级中专设两个安全纪律委员，分别专管上下课纪律和安全督检，每天我会抽出几分钟的时间来给同学们交代当天需要注意的安全事宜，每个星期组织学生来讲发现的身边的安全隐患，提醒学生怎样避免身边的危险，并把事故率降到最低。

我们班还有个男同学孙某，他脾气暴躁，调皮捣蛋，喜欢捉弄人，以此获得快乐。上课时爱讲话、好动，搅得"四邻"都不得安宁，捉弄人以后又输不起，动不动就发脾气，对同学拳打脚踢。他邻桌的同学经常要求我给他们调位，原因是他经常踢他的板凳，拽他的衣服，写纸条骂人骂脏话，总之，说起这个学生，同学们都拒之千里，几位科任老师都感到头痛。一开始，我也从心里讨厌这个学生，越是批评他，他就越发不可理喻，好像发疯一样作对顶撞，情绪越发恶劣，没有修养地大吼大叫，丝毫没有意识到自己犯的错误。与家长沟通后才发现原来孩子的任性无赖是跟家庭教育的纵容溺爱有关，在家长那里得不到理解和帮助，我必须变换教育方式。从此我不与他正面交锋，采取缓和变相的策略。我每天上下课都特别注意他，只要他上课一惹祸，就让他回答问题，他回答出来我就表扬他，回答不出来，我也不责备他，还请他坐下。慢慢地，他摸清了这个规律，上课也能约束自己了，也不太走神了。下课时，如果跟同学闹矛盾，两人都叫到办公室，为了避免正面冲突，先是看着他，然后狠狠地批评那个被惹祸的同学，从批评的口吻中让他知道我是在批评他，让他领悟到自己的错误，找机会也时不时地再表扬他，这几年过去了，孩子在慢慢改变，变得友善、文明、上进了。当他顺利小学毕业时，我为他感到高兴。

其实孩子接受教育的过程也是一个人格完善的过程，老师给予他们的不仅仅是知识，还要因材施教教会他们怎样做人、怎样保护自己，树立正确的安全意识，让孩子懂得尊重和珍爱每一条生命，让他们在和谐温馨、安定有序的乐园里健康成长。

开展校园安全教育　牢固树立安全意识

柏贵生

社会在发展变化，校园安全形势也在发展变化。近年来，全国各级各类学校出现安全事故主要是三类：第一类是事故灾难，比如溺水、交通、踩踏，或者是一氧化碳中毒、房屋倒塌等意外事故；第二类就是社会安全事故，包括学生相互斗殴、校园伤害、自杀以及火灾；还有一类就是自然灾害，像洪水、龙卷风以及地震、冰雹、塌方等。其中溺水、斗殴、校园欺凌占相当大的比例，其次中毒、踩踏事故、自杀、房屋倒塌等也屡见不鲜。

2017年11月，各大新闻平台上一则新闻传遍了网络，学生未到校，老师即刻去学生家家访，结果救活了因煤气中毒的学生一家三口，无数网友给这位"最美老师"留言，称赞她是"生命之光"！

我们在称赞"家访班主任"的同时，也要拷问：一家三口何以如此大意，连家长也差点"中招"？

安全从来不是孤立的。

紧邻我校的虹山水库每年都有溺水新闻。2017年11月12日凌晨1点，安顺市公安局西秀分局北街派出所接群众报警称，在虹山水库有人（后经问询为一在读女学生）溺水。凌晨1点，哪个老师会在半夜去水库散步？安全需要群众的力量，需要校内校外共同建设。

平安校园创建工作涉及方方面面，没有校内师生的重视做不好，没有校外的支持也开展不好。

校园是学生学习和生活的重要场所，校园安全关系到千千万万个家庭的幸福，关系到社会的稳定，关系到学生的健康成长。"家访班主任"的事例充分说明了这一点。

安全工作首要就是预防为主，预防工作的关键在隐患排查。我校"15511"安全工程的工作重心就是排查。一个人的眼睛再怎么锐利，都只能看到他目力所及的范围，一个人的耳朵再怎么敏锐，也只能听到百尺之内，而我们的校园、我们的社会是如此之大，若是发生意外，正义联盟加复仇者联盟的超人团队也忙不过来，所以我们需要群防群治，要把安全意识植入每个人的意识深处，让每一个人的眼睛、耳朵都变成"安全的眼睛""安全的耳朵"，而要做到这一步就需要做到安全教育常态化。"15511"工程目的即在于此，使广大师生树立最为广泛最为自觉的安全意识，使之内化为人的自觉。

自觉安全意识的养成不是一朝一夕之功，要靠课后一分钟的安全提醒，要靠班会五分钟的安全教育，要靠国旗下五分钟的安全报告，要靠每月一逃生的疏散练习，要靠学期"安全第一课"的深化，通过这些活动形成合力，树立并深化广大师生的安全意识，以达成最广泛的安全意识"群众基础"。

每年夏季，很多学生喜欢去河边、水库玩水，很容易出现安全事故。我们利用班会，进行《珍爱生命，防溺水安全教育》，让学生了解防溺水的有关内容，教育每一个学生要提高安全意识，自觉学习防溺水安全的有关知识，自觉改掉生活中的不良习惯。

要把"平安成长比成功更重要"的理念渗透在课堂上。校园安全是教学的基础，人身安全是学习的基础。基础不牢，地动山摇；校园平安，重于泰山。除了在各学科课堂上开展安全教育外，综合实践课要成为我们的主阵地。因为综合实践课有其他课堂无法比拟的优势，综合实践活动课注重教育与生产劳动、社会实践、动手创造相结合，并从学生的真实生活和发展需要出发。它突破了教材、时间、空间，不拘泥于课堂和知识点，不局限于某一学科，是各类知识的综合，其核心是培养学生观察、实践、发现、解决问题的能力。解决人身安全问题不就是一个很好的核心内容吗？

另外，授课老师不一定是本校老师，我们学校可以邀请消防支队的官兵到学校给老师和同学们上逃生课，边跑边教，在逃生中发现问题、解决问题，让孩子们认识到天灾的危害，掌握在灾难中逃生的方法。我们邀请警察同志为我们老师开展安保培训，学习如何处置一般校园治安事件和突发的暴恐事件。

安全管理工作、安全教育工作是校园安全得到有效保障的重要措施，校园安全无小事，务必抓实做细，才能确保万无一失。回归生活，注重实践，课堂才会绚烂多姿，才会有声、有色、有形、有情，才能更好地让学生在实践生活中懂得安全第一的重要性，提高他们的防范意识和能力。每一个教育工作者都希望给学生提供一个安全的学习环境与生活环境，而这一环境需要每一个人的力量。

安全点滴记心中　解决问题靠沟通

王曦

　　校园是学生锻炼的大熔炉，也是学生成长的避风港。在校园中，每一位学生都是祖国含苞待放的花骨朵，都将绽放出最迷人的光彩，而在丰富多彩的校园生活中，还有另一件不容忽视之事——校园安全。

　　保尔·柯察金曾经说过："人最宝贵的是生命，生命对每个人来说都只有一次。"生命是宝贵的，作为学校老师，我们不仅要呵护学生茁壮成长，更要树立学生的安全意识。我校自建校以来始终重视安全教育工作，将"安全第一，预防为主"的理念贯彻落实到每一处细节，融入日常教学的点滴之中，而学校的"15511"工程即是学校安全教育工作最好的体现。

　　虽然我只是一名普通的教师，但我切身感受到这些安全教育工作渗透到了我们日常教学生活的点滴之中，正因如此，我开始懂得关注学生学习、生活中每一个小细节的重要性。

　　在我所任教的班级中，有这样一个女孩，相较同龄人而言，她更为乖巧懂事。作为一个13岁的小女孩，她与妹妹相依生活在安顺，而父母均在外地，除了正常的学习，她们还要照顾自己的生活，买菜、洗衣、做饭等，但她并没有因无父母管教而放纵自我，而是更体谅父母的不易。在家长眼中，她是乖女儿，是兄弟姐妹的楷模；在老师眼中，她学习认真踏实，是班级的正能量；在同学眼中，她活泼开朗，是同学们的开心果。

而就是这样一个女孩却让我在半夜遇上了。11月，夜深微凉。我在路边碰到了一个熟悉的身影，她眼中满含泪水，一看表，十一点，我心想这么晚不回家一定有事！问其缘故，她只低头不语，一动不动。正因平时了解她的情况，所以我深知此刻一味地追问只会适得其反，我选择了给她一个拥抱、一个肩膀，并第一时间联系了其父母。在陪伴与宽慰之下她最终向我道出了事情的原委，仅因与妹妹发生矛盾，后来父母在电话中责怪了她，觉得内心委屈便离开了家门。经过一番耐心的开导，她明白了父母的本意并非是责怪她，也意识到了自己深夜外出的危险性，最后我将其安全地送回了家中。

每一个学生都是独立的个体，都有不同的性格特征，都有内心最脆弱的一个角落。这件事也让我更加深刻地意识到，学生的一言一行我们都应看在眼里、记在心里，不能忽视任何细微之处，只有如此，我们才能更好地陪伴学生健康成长。

及时发现学生的异常，做好沟通工作和心理辅导是我们确保学生安全的重要手段。我们要多了解学生青春期的心理特点、性格特征、行为模式，多观察、多沟通。特别是父母不在身边的孩子，他们还有认同需求、社交需求，这次半夜跑出来的小女孩其实就是为家庭做了许多事却得不到父母应有的认同褒扬，导致心理失衡，半夜出走。这个时候我们需要引导学生对自己和家庭有一个正确认识：你做的事爸爸妈妈都看在眼里，他们不是责怪你，而是希望你做得更好。但在沟通初期，言语沟通失灵了，于是我换了非语言沟通，有时候非语言沟通甚至比言语表达更重要，因为它可以传递情绪。事实上，非语言沟通在表达态度上及情感上的效果要比言语表达效果更好。一个拥抱、一次陪伴让闷声不语的她打开了心房，让事情有了转机。"15511"不但在校内也在校外，学生之安危常系于老师的仁爱之心。校园安全教育方式有很多。学校在行动，每位老师也都在行动，虽然大家所做的也许只是点滴小事，但却因为我们的坚持，创建了和谐安宁的校园。

"15511"安全工程始于老师们的仁爱之心，落实于每一个平凡的细节，或是放学的一声叮嘱或是课下的一次交流。正是因为有了这些看似简单而又细微的举动，正是因为有了全校师生的高度重视，正是因为有了学校系统的安全管理措施，才使得我校广大师生的生命财产安全得以保障，才使得我校教育教学工作有序进行，形成了人人关心校园安全的浓厚氛围，也确保了每一位实验学子都能在这个书香满溢的环境中健康快乐地成长。

安全是生命的基石。校园安全教育工作任重而道远，它与我们每一个人都息息相关，只有我们人人都携起手来，让安全的意识常驻我们心间，才能为生命筑起坚固的城墙，才能让生命焕发出绚烂的光彩。

责任在肩

张梦馨

"随风潜入夜，润物细无声。"这是唐代诗人杜甫的诗，同样也是我入职这三年来对教育的认识。教师是一个伟大的职业，也是最平凡不过的职业，以前认为老师只是教书就好，但现在知道了在教书以外还有一样最重要的东西，那就是安全。学生的安全不仅家中重视，学校也十分重视。

我从实验学校出去，现在又回到实验学校。在实验学校，我度过了愉快的九年儿童时光，桂花树下向老师问好，小花园里找寻着一只只蜗牛，在铃声中奔跑着……这些都是我孩童记忆里磨灭不去的时光。现在，这一幕幕又回到了我的眼前，看着自己班里的学生在桂花香味中向我问好，手中小心翼翼地握着刚找到的蜗牛，在铃声中奔跑进教室……这一幕一幕的重演，不仅唤起了我对母校的感激之情，也让我认识到，为了让孩子们有一个快乐的童年，学校对学生安全是多么的重视。

进校三年，实验学校让我从懵懂无知的大学生，变成现在获得家长学生认可的班主任。回顾这些年，我发现实验学校一直将安全放在首位。尤其记得当我还在这所学校读书时，我的班主任，每周都会提醒我们注意安全，从食品安全讲到课间安全，从游戏安全讲到交通安全。现在的我也是实验学校的一名班主任，感受到学校对学生安全教育考虑得多么细致。现在学校提出了"15511"安全教育工程，每天最后一节课对学生作放学安全提醒、每周最后一节课做五分钟的安全教育、每月最后一周国旗下五分钟的安全信息通报、每月一次的消防疏散演练、每学期一节安全教育课。这些改变，说明了学校这些年对学生的安全一直非常重视。同时，学校也在逐步完善基础设施，不留下安全隐患。2003年，我读三年级时，教室在逸夫楼三楼，楼梯间的转角都是半开放的阳台，容易发生事故。2018年，我成了三年级二班的班主任，学校的设施有了翻天覆地的变化，半开放式的楼道变成了全封闭的模样，不再给学生的安全留下一点儿隐患。不仅如此，2003年学生放学回家，是三三两两地走出校门，一些贪玩的同学会逗留校园，可能会发生安全事故。而现在，2018年，学生走出校门，是排着队，有序地走出，按时离校，按时回家。

老师教书育人，这里面有的不仅仅是单纯教知识，而是用心去教，用爱去教。入校三年，可以说，学校一年一个模样。一年级时，我刚接班。开学第一周的一个雨天，我刚进班，一个老师抱着一个摔得满脸是血的孩子走进班里，这个场景把我吓坏了。经了解，知道是由于学校地面的瓷砖在雨天太滑，导致了摔跤。当天我将这一情况向年级反应后，短短一个假期，学校的地面就发生了翻天覆地的变化，由原来易滑的白瓷砖变成了黑色的柏油路，彻底解决了学生雨天容易滑倒的问题。这样的小事数不胜数，校园路面白变黑、学校设置安全板报、新添天气预报公告栏……学校从小事出发，一切为学生考虑，只为了让学生有一个美丽而安全的校园。

现在，到校三年的我越来越喜爱这个职业，也越来越喜爱我的学校。它承载了我孩童时的美好，也教会了我什么叫做责任，相信以后我们学校会变得更加美好。

加强中小学生网络安全教育
培养互联网健康新力量

安顺市实验学校 陈兴焕

随着科学技术的日益发展，网络已成为人们生活中不可或缺的一部分，当前的青少年一代是伴随着互联网成长起来的。互联网的普及，使我们的生活更加便利、丰富，它既可以扩大视野、增长见识，让学生学到许多书本上没有的知识；又可以丰富我们的生活，如无限聊天、网络游戏、音乐畅听、高清影视等，还可以快速进行信息的加工、存贮和传输，等等。但也令人担忧的是，有相当一部分中小学生上网是热衷于聊天、玩电脑游戏和浏览垃圾信息。这些行为对他们的心理造成了一定的负面影响，有的中小学生出现认知能力的迷失；有的对互联网存在强烈的心理依赖，而现实生活中的人际关系变得淡漠；个别中小学生因长期沉迷于网络，产生网络心理障碍而被迫辍学；甚至有的还因此走上违法犯罪的道路。下面就怎样加强中小学生网络安全教育谈几点看法。

一、加强网络安全监控，引导学生健康上网。

加强网络安全监控，引导学生健康上网成为教师在新媒体时代的一项重要任务。学校可以安装一些网络监控软件和上网行为管理设备，对学生的上网进行监控。让学生谨记不要完全相信在网上看到的每件事，不要进行随意传播；不要随意把自己及家人的信息上传或告知陌生人；不要随意打开不认识人的电子邮件、文件或网页；不要随意进入那些看起来有挑衅性的聊天室或讨论区。

网络有着丰富的信息资源，但适合中小学生的网站并不是很多，教师可以先对网站进行整理和分类，如整理为学习类、娱乐类、新闻类、心理咨询类等，再将适合中小学生的优秀网站和论坛推荐给学生，让学生通过浏览各个网站的优秀资源，参与网上论坛的讨论，从而养成上网查询学习资料、自主上网学习的健康上网习惯。

二、加强网络道德教育，争做网络安全卫士。

在生活中，人们大多数都仅按照自己的需求上网，然而目前还没有成熟和有效的法律来约束人们的上网行为，这就对现实社会中主导的道德规范形成了巨大的冲击，并使其约束力明显下降。这就要求我们教师在平时的教学活动中，要提倡绿色上网，广泛宣传《全国青少年网络文明公约》，积极引导青少年遵守网络道德，提倡"五要五不"，即要善于网上学习，不浏览不良信息；要诚实友好交流，不辱骂欺诈他人；要增强自护意识，不随意约会网友；要维护网络安全，不破坏网络秩序；要有益身心健康，不沉溺虚拟时空。学校不仅要让学生认识网络文明的内涵，懂得崇尚科学、追求真知的道理，还要让学生树立保障网络安全人人有责的意识，用自己的一言一行影响身边的人，人人争做网络安全的卫士。

三、加强网络安全教育，提升网络安全防范本领。

争做网络安全卫士不是一句口号，而应用实际行动来践行。所以，对于提高学生网络安全防范本领尤其重要，信息技术课就是最便捷的途径。我校严格按照国家、省、市的要求开设信息技术课，配备专职教师，结合本校特色进行课程设置，如培养学生学习正版杀毒软件、个人防火墙和上网安全助手的安装，并及时进行升级；学习带有漏洞修复功能软件的使用，学习定时打好补丁，弥补系统漏洞；学习安全级别的设置和杀毒软件的网页监控功能的使用；学习在 IE 上安装畅游巡警；学习把网游、QQ 等重要软件加入到带有账号保护功能的软件中；学习怎样定期浏览各大杀毒软件官网，看最新的病毒情况，并做好预防等。我们要充分利用信息技术课堂提升学生的网络安全防范本领。

四、加强网络文明宣传，营造安全文明的网络环境。

古有孟母三迁择邻而居，今有望子成龙择校而居，由此可见，环境对于一个人成长的重要性。我校为给同学营造舒适的学习环境，打造了花园式的校园；为促进学生更好成长，着力打造优质的师资队伍；同时，为营造安全文明的网络环境，学校也通过多种形式加强中小学网络安全宣传工作，如利用班团队会开展"'黑客'是'侠'，还是'盗'"的主题辩论会，让学生通过资料搜集、整理以及辩论，更切身地了解到相关的法律知识，认识到黑客行为对网络社会的危害，从而自觉维护和保持这个"社会"的正常秩序，自觉遵纪守法；还组织学生观看"网络安全""护苗·网络安全课"等公益短片，引导学生做到"适度用网、健康用网、安全用网"，注意保护好个人信息，不传谣，不造谣，自觉遵守网络相关法律法规，做个文明的网络达人，共同营造安全文明的网络环境。

网络空间已成为亿万民众共同的家园，更是青少年成长的沃土。如何将一方沃土培育好，真正地培养青少年成长成才，这不仅仅是学校的责任，更是每一位信息技术教师应尽的义务和责任。

安全儿歌伴随幼儿成长

安顺市实验学校　刘春娜

幼儿在幼儿园的一切生活活动、学习活动的开展都是以安全为前提,《幼儿园教育指导纲要（试行）》中也明确指出："幼儿园必须把保护幼儿的生命和促进幼儿的健康放在工作的首位。"首先,幼儿园应该给幼儿提供一个安全、健康的环境；其次,在保障幼儿身心安全与健康的同时还要培养幼儿自我保护能力、掌握粗浅的安全应急措施。

幼儿是充满好奇心的群体,对于一切事物都想要去摸一摸、看一看,同时也因为3~6岁幼儿的年龄特点,在探索的过程中缺乏安全意识,常常出现危险行为,伤害自己或误伤他人。

在五大领域的教学活动中,虽然安全教育包含于健康领域,但却是不容小觑的一部分。可以说,安全教育是其他领域教育活动的保障,有了安全,才有一切。

本学期我担任小（1）班的配班教师。小班幼儿的安全意识极其浅薄,他们不具备辨识危险的能力,也不具备自我保护的能力。如何让小班的幼儿具备安全意识,既能保护自己,也不伤害他人呢？同时,安全教育如何避免教条式说教,如何让安全教育变得有趣呢？为此，在日常的幼儿园生活和教育中，我根据安全知识的难易程度、重要性采取不同的教育方法。

"3个一"的安全教育方法，即每日一句提醒、每日一个标识、每日一个小故事，让幼儿在简单的语言、简单的方法中慢慢具备安全意识。都说兴趣是最好的老师，幼儿都是喜动的，由此我便想到了创编儿歌，加强幼儿安全教育，让幼儿可以在朗朗上口的节奏中、轻松愉悦的氛围中掌握安全知识。例如：安全活动《我上幼儿园》目的在于让幼儿知道上下幼儿园的路上需要家长带领前行，小朋友应该紧牵家长的手，不离开家长，不独自在道路上跑跳。活动前我将安全知识创编成儿歌，在活动过程中，先通过动画视频让幼儿了解在上下幼儿园时存在的安全隐患及注意事项，再把儿歌教给幼儿。以下为儿歌《我上幼儿园》：

> 太阳公公微微笑，小鸟起得早；
> 背上我的小书包，早起去学校；
> 紧紧握住妈妈手，绝不放开走；
> 安安全全见老师，说声早上好。

电已经成为我们日常生活中不可或缺的资源，每一个家庭都有很多的插头插座，而插座的特殊结构，深深唤起了幼儿的探索欲。幼儿在看到家长或老师把插头插进插座时萌生了模仿的念头，便会拿起尖头的物品或者手指触碰插座，然而，这一小小的举动却存在巨大的安全隐患。《危险的电》这一活动的设计旨在帮助幼儿明白，插头插座是小朋友不能接触的东西，更不能用任何物品或是自己的手指头插入插座，这样是危险的行为，是绝对不可以做的。活动过程中让幼儿观察插头和插座，了解插座是电宝宝的家。电宝宝喜欢插头到它家里做客，不喜欢其他的东西（笔、玩具棍、手指头等）到它家里做客，否则它会生气，会起火，小朋友会触电，会被烧伤。针对这一活动，把安全知识创编成儿歌，幼儿唱念儿歌的同时积累了安全知识。以下为儿歌《危险的电》：

插座里面住着谁？插座里面电宝宝；

欢迎插头到我家，其他东西不要插；

小手指头若进来，触电烧伤很可怕；

插头插座我不动，爸爸妈妈来帮助。

安全教育的目的在于保障幼儿身心健康，最为重要的是教会幼儿辨识危险、自我保护。安全教育的过程中总会呈现出教师把安全知识及技能说教给幼儿的传统教学方式，但这种教育方法往往效果不佳，幼儿被动地接受知识，记忆不深刻。由于3-6岁幼儿的年龄特点以及身心发育特点，如果把安全教育渗透到日常细节中，看似不经意的一句提醒、一个动作、一个故事，反而会事半功倍。幼儿容易被儿歌吸引，也容易理解儿歌内容，进一步把安全知识创编成儿歌更有利于幼儿学习、掌握，提高幼儿自我保护能力。

安全教育心得

安顺市实验学校　李丹

青少年的健康成长与社会的稳定、一个人的成功成才以及理想抱负的实现有着密切的关系。随着人们物质生活和精神生活水平的不断提高，社会的多元化发展，危及人类生存的安全问题也出现多样化、复杂化，如环境污染、交通事故、流行疾病、网络侵蚀、学生矛盾纠纷、心理问题等，这些都随时威胁着我们的安全与健康，尤其是青少年群体。

我校由幼儿园、小学部、中学三部分组成，在校学生众多，校园周边环境日趋复杂。学生由于年纪小，自我保护意识弱，自我保护能力差，生命安全就更容易受到各种因素的威胁。所以，对学生加强安全教育，培养他们的安全意识和提高自我防护能力势在必行。作为一名中学教师，我们势必要抓好中学生的安全教育管理，保障中学生的人身财产安全，促进中学生心理健康发展。

《中华人民共和国未成年人保护法》规定："学校和幼儿园安排未成年人学生和儿童参加集会、文化娱乐、社会实践等集体活动，应当有利于未成年人的健康成长，防止发生人身安全事故。"所以，不断提高学生的自我防范意识和自救自护能力显得十分迫切和重要。如何切实搞好安全工作？如何提高中学生的安全意识？结合我校的日常工作和我的教学感思作出如下总结。

（一）关注细节，培养安全意识。在日常生活中要多留意、多观察、多贴近孩子的生活和学习，及时发现孩子们学习和生活中的不良习惯，并在发现问题后耐心细致地教育和引导，以现实生活中鲜活的实例进行感化教育，触及学生的灵魂，让其认识到自己的不良行为可能导致的不良后果，从思想上开始转变。

（二）加强安全文化宣传，树立法律意识。中学生正是人生观、世界观、价值观养成的阶段，为进一步增强学生的法律意识，预防未成年人违法犯罪行为，我校开展了一系列遵纪守法教育活动，如给学生上专题法制课、举行中学生校园模拟法庭、开展未成年人保护法知识讲座等，通过多种形式的法制教育，使学生深切感受到法就在身边。

（三）加强网络安全教育。随着信息时代的到来，一些学生沉迷于网络游戏，欺骗家长和老师，利用一切手段筹资用于上网。针对这种情况，一是要寻求家长的协助，加强对孩子的监管；二是向有关部门反应，改善社会环境；三是加强网络安全法规宣传和思想道德教育。

（四）加强消防安全教育。针对消防安全教育，我校每个月都会组织学生进行消防安全演练，并不定期带领学生到消防基地参观，熟悉防火、灭火过程，增强学生防火意识及火灾发生时逃生、自救的本领。

（五）进行安全防范和自我保护教育。安全教育管理的最终目标是增强学生安全意识，提高安全防范能力，养成处处讲安全、事事讲安全的习惯，才能在学习和生活中远离安全事故。在日常教学中，我们都将安全教育和法制教育融入到教学中，通过主题班会、国旗下讲话、法制教育进课堂等多种形式引导与规范学生的行为，劝导学生不参与不科学的活动，不到有安全隐患的区域活动；不做有损健康的游戏活动，教育学生知道什么是安全的，什么是不安全的，培养学生良好的行为习惯，使之远离安全事故。

（六）心理安全员教育。中学生的心理正在发育之中，尚未成熟，其心理上的不良反应和适应障碍伴有强烈的情绪色彩和偏激行为。学生中的打架、偷窃、自闭等行为相当一部分都是由于心理问题引起的。因此，我校在七年级专门开设了心理课，重视学生的心理安全教育，为班主任的教育也提供了很大帮助，从而避免各类安全问题的发生。

总之，学校安全无小事，安全管理是关键，意识提高更重要。安全稳定是事关家庭和睦、社会稳定的一项长期而又艰巨的工作。一所学校只有学生、教师有了安全意识，做到时时讲安全，事事注意安全，处处提高安全防范意识，才能确保安全。

浅谈学校卫生安全工作

王彬

随着社会经济的发展，人民生活水平的不断提高，学校卫生安全工作越来越引起各级领导和社会的关注，是当前学校安全工作中的一件大事，关系到学生的人身安全和健康成长，关系到社会的和谐稳定，我们要树立"健康第一"的指导思想，认真贯彻执行《学校卫生条例》，坚决执行"预防为主，防治结合"的方针，确保学生身心健康和身心安全，开展好学校健康教育课程，让学生认识健康，珍惜健康，养成良好的个人卫生习惯。

针对学校卫生安全工作，结合自身工作实际，我认为应该从如下几方面开展。

一、学校领导重视，制定安全预案和规章制度，保证卫生工作顺利进行。学校领导的重视是搞好卫生安全工作的关键。学校领导要把卫生工作纳入议事日程，当做学校安全工作中的大事来抓；要确保卫生工作有序、有效地开展；要明确专人负责管理，学校要制定、完善相关的安全预案和规章制度，通过制度来规范广大师生的行为举止，同时把制度纳入日常管理工作中，与评先评优工作结合起来，做到有计划、有检查、有记录，一抓到底。

二、加大卫生宣传教育力度，加强卫生健康教育，搞好卫生安全工作。

（一）学校卫生安全工作要执行"预防为主，防治结合"的方针政策，要根据学校实际情况，有针对性地开展宣传教育活动，普及饮食卫生安全、疾病预防安全知识，教育学生养成良好的饮食卫生、个人卫生习惯。学校要将健康教育列入学年度教学工作计划，并保证课时、开课率；开展心理卫生健康教育，提高学生心理卫生健康水平。

（二）强化健康教育，积极开展卫生宣传。学校利用校会、团委会、班会、"国旗下讲话"等形式，充分利用学校广播站、健康教育专栏、电子滚动屏、专题讲座等宣传方法，向广大师生宣传各种卫生安全知识，有效、深入地让学生加强对卫生重要性的认识，教育、引导学生养成良好的个人卫生习惯，提高自我防护安全意识。

三、加强卫生安全监督工作，强化早期处置，积极做好校内传染病安全防控工作。

学校是人口较为密集的场所之一，存在潜在的传染隐患，一旦出现传染性疾病，处置不及时，则可能会大肆蔓延，引起大量学生感染，对校园正常教学秩序产生严重的影响，造成严重的社会影响。学校的卫生安全防控工作重在"预防"，消除一切安全隐患，因此做好学生晨、午工作和因病缺勤登记报告工作尤为重要。学校每个班主任要认真密切关注本班学生的出勤情况，特别是对于因病缺勤的学生，要及时了解学生的患病情况和可能的病因，做好登记，及时报告给校医，以便校医能及时介入处置，做好对传染病的早发现、早诊断、早报告、早隔离、早治疗、早消毒，有效切断传染病的传播途径，控制传染范围，隔绝传染源，防止疫情的蔓延。待学生病愈回校也要严格执行复课制度，学生须持正规医院出具的疾病痊愈证明书经校医检查后方可进班上课，可防止发生学生带病上课传染他人的现象，有效杜绝卫生安全隐患。

四、充分发挥后勤保障作用，做好重点区域的消毒工作，加强校园环境卫生管理，保持校园环境整洁。

完善后勤保障，一旦校内发生传染病疫情，要及时提供消毒工具和消毒药品，工作人员要按消毒要求认真做好校园、教室的消毒工作，做好消毒登记，这样才能阻断病毒、细菌的传播，有效控制疫情；同时也要坚持班级卫生大扫除，强化卫生检查，消除卫生死角，保持教学、生活场所经常开窗通风，预防呼吸道传染病的传播，让学生安全愉快地学习、生活。

五、认真做好学生的体质健康体检和新生疫苗接种证查验工作。

每年要严格学生入校的体检工作和一年级新生的入学疫苗接种证查验工作，做好体检后的资料统计收集归档和查证验证登记。在体检过程中发现的学生患病问题，要及时做好登记并告知家长和班主任，防止有关学生的病情因此延误，同时也要做好与体育老师的信息互通，针对患病的特殊学生做好安全防范，防止发生安全事故。查漏补缺，做好新生的免疫接种补种，减少传染病的感染，做好卫生安全预防。

总之，学校卫生安全工作只要持之以恒地抓，认真执行相关制度，强化对学生的管理和监督，加强对学校内的卫生管理，就能够有效降低校内各种传染疾病爆发的可能性，减少学校卫生安全隐患，稳定学校的正常秩序，保障学生的身心健康，快乐成长。

体育教育安全工作心得

彭金

体育的根本精髓在于超越，身体能力的自我超越，精神能力的自我超越，然而这个过程首先就会伴随一系列的生理反应、心理反应，而如何去克服并战胜它们，就是体育能力的体现，所以谈体育安全，首先要谈体育意识，有正确的体育意识才能正确规划好自身的体育安全。

体育是以身体活动为主要手段，实现人的全面发展的身体文化活动，其研究和解决的就是人体各方面的能力（当然也就包含智力）。人体内部所有器官、组织的发展都具有一定的规律，而这些发展的根本就是受人体新陈代谢的驱动，简单来说，你的新陈代谢越快、越有效，你的体育发展也就会越好，快是说你在运动量逐渐加大的过程中，你的新陈代谢就会越快；有效是指如果你的运动量过大，消耗大于新建后就容易造成损伤等不良影响，如果过小，便不能有效地促进新陈代谢。所以，谈论体育安全的首要任务就是认识自己的身体，评估自己的运动水平，规划合适的运动量并且了解如何科学有效地进行锻炼。

其次，应该正确地认识自己的体育发展过程。就列举力量这项体育基本素质的发展而言，力量的发展，用指数来判定的话就是看一个人的肌肉在身体重量中的密度有多少，以及肌肉的能力有多好。首要任务就是提升肌肉的重量，而肌肉增加的过程就必须伴随超过你现在肌肉负荷的运动量，从而导致肌肉纤维断裂，在肌肉纤维重组的过程中长出更多的肌肉纤维，从而提升肌肉的活性和重量，也就从一个方面增加了肌肉的密度。但如果你是个过分寻求安全感的人，你会觉得肌肉酸软甚至疼痛，这会让你产生极大的抵触心理，所以你即便进行运动也就只能维持在一个远远低于身体承受能力的范畴，从而也就不可能达到自身体育发展的目的；又如果你觉得只要不断超量运动就能让身体得到很好的发展，则会导致肌肉的过度疲劳，从而承受力降低，促使肌肉劳损和增加骨骼、关节的负荷，便只能得到相反的效果。所以我们的运动量要循序渐进，缓慢增加才好。

然后，进行体育锻炼的基本要求要清楚，比如穿着、饮食、睡眠。

穿着：很多运动都有特殊的运动服，比如篮球服、足球服、冰球服、橄榄球服等，而对于大多数人来讲，运动的危险系数并不高，受伤概率也较低的情况下，对于服装的要求并不需要这么高，基本只要遵循贴身、舒适、简单、布料有一定伸展性就好。（这里所说的危险系数是所有运动都具有的，好比冷天吸了口凉气都可能导致咽喉发炎，坐下站起来也有一定极小概率导致脊椎扭伤一样，所以人的主观意识和主观能动性就尤为重要了）。

饮食：通常人们进行体育锻炼的目的就是减肥，从而觉得吃得越少越好，这种认识并不正确。首先你需要健康的饮食，比如尽可能少的吃些垃圾食品，能够从食材的多样性中摄取各种营养元素；其次要对自身的身体基本摄入量有个认识，你摄入体内的热量不能过分低于这个你参与运动后的基础消耗量；最后越是规律的健康的饮食习惯，你的饮食效率和效果才会最大。

睡眠：良好的睡眠才是一切的根本，人体在睡眠过程中的新陈代谢效率是最高的，因为身体的消耗在睡眠状态下最低，就好比你关机充电的效率最高是一个道理，然而人体和手机的最大区别就在于，你过度使用又不去维护一部手机，它的寿命会减短，不过你只要换一部就好了，试问你的身体也能这样？而睡眠也应遵循它应有的规律，常人每天8个小时左右的睡眠时间视为充足的睡眠时间（这里指的是熟睡状态）。午休起到在一天生活学习中承上启下的作用，并且30分钟左右为宜，太短充电不足，过长会让人进入熟睡状态而导致强行醒来的各种症状。晚上11点半至凌晨次日是人体的黄金睡眠期，其中只要能够熟睡3个小时，你便完成了一天睡眠质量的70%。这也就是为何有时你晚上9点睡到次日凌晨1点起来，看了2个小时球赛，再睡到第二天中午，还是觉得不自在的原因。处理好这些，你便能给自身体育安全提供有力的保障。

最后说说运动的时间和场地、器材的要求吧。首先运动时间应该由个人的运动能力、作息时间共同支配，并不是以前的传统思维"早上运动就好"。早上运动有早上运动的好处，中午、下午、晚上一样也有它们的好处，就好比你凌晨一点要是失眠，与其在床上翻来覆去，我建议不如起来去搞个2公里慢跑，让身体感觉更加疲惫一些，能提升你后半夜的睡眠质量，当然，如果你第二天有事，或者身体不适又应该是另一种打算了。早上人运动的状态是最好的，因为你刚充满电，这时候人体动作能力最强；中午和下午只要你在身体状态好的情况下同样的运动量收益也是相同的；傍晚由于车辆减少，气温开始降低，会让汽车尾气等有害气体（大多数有害气体都会比空气轻，导致高空的纯净空气下降，低空被污染的空气上升）和空气分层，这时候运动的空气质量是最高的，并且由于新陈代谢的加快有助于提升睡眠质量。

场地：首先你选择的场地必须适宜你自身选择的运动，比如在楼道踢球，打篮球就不合适，成年人和小孩在一起运动就不合适，大孩子和小孩子在一起运动就不合适，极其容易导致无意识伤害，所以尽量找到自己所选运动的专业场地为宜。如实在不方便，也要在选择场地的时候充分考虑自身和他人的安全，比如小区广场打羽毛球会不会有车，自己踢球的地方会不会出现小朋友之类。就算你是去观看别人运动，也要考虑自身的观看位置是否安全。

器材：如果是公共器材的话，尽可能选择一些较新的器材，要考虑比如篮板是否生锈，球门是否牢固，自己的篮球、足球是否合适自己，自己负重练习的重量是否合适，等等。

对儿童安全教育的思考

李宛霖家长　曾晓雨

　　儿童安全，一直是社会关注的话题。从空间范围看，儿童安全主要涉及学校、家庭、社会。从对儿童安全影响因素来看，主要涉及网络影响和现实影响。而现实生活中的影响大多是以上多种领域影响的综合结果。于是安全问题出现在各个领域，让人防不胜防。

　　那如何避免孩子意外伤害的发生呢？安顺市实验学校每学期都开展消防安全演练、设置班级安全员、进行安全课堂教育和安全网上教育、让学生和家长共同学习安全知识等，既提高了学生和家长的安全意识，又有效地避免了学生意外伤害的发生。下面我从家长的角度谈一谈对儿童安全教育的浅见。

　　家长对孩子细心的保护固然重要，但危险防不胜防，家长不可能分分秒秒地保护着孩子，所以，培养孩子的安全意识，提高孩子自身的防护能力是极为重要的。家长应该放手锻炼孩子，培养孩子的自理生活能力，促进孩子自我保护能力的提高，而不是让家长成为孩子万能的保护神。例如，教会孩子从高处下地的正确方法，那么当你不在孩子身边时，孩子也能处理好，自然也会减少坠落的危险。切忌用"全方位保护"的育儿方式，剥夺了孩子"通过实践来提高自我保护的能力"的机会，结果导致孩子对危险缺乏防范能力，发生不该发生的事故。

相较那些活泼好动、反应敏捷、喜欢活蹦乱跳的孩子，平时很少跑动的孩子相对更容易受伤。缺乏锻炼是大多数孩子的弊病，由于身体肌肉长期缺乏应有的活动，肌肉组织内储氧量降低，肌肉弹性张力下降，因此孩子动作的平衡能力、灵活性都达不到自我保护的要求。为此，家庭应给孩子提供足够的时间和空间，合理地组织有一定强度和密度的体育活动，提高孩子的身体发展水平，避免意外伤害事故的发生。

让孩子在安全中体验危险，在危险中学会安全。"孩子如果缺少与事物的接触，那么她对事物的认识与感受就不会深刻，有时还会影响到她对知识的理解与问题的解决。"比如演练火灾、地震、洪灾、歹徒入侵，目的就是让孩子在实际的安全中与危险近距离接触，从而认识这些危险，学会如何正确躲避。其实，在家里同样可以进行类似的、便于操作的、适合孩子的小规模情景演练：父母假扮陌生人敲门，指导孩子该如何应对，以保护自己的安全。除此之外，在生活中借助替代物或通过直观的表演来让孩子认识危险。如果孩子想学奥特曼从楼上跳下去，家长不妨用易碎的物品，如瓷娃娃、塑料玩具等从楼上扔下来，让孩子看到其被摔碎的惨状，从而认识到从楼上摔下来的危险。

因此，家长在孩子的安全教育问题上，既要授之以"鱼"——父母对孩子的保护和为孩子提供的安全防护环境；更要授之以"渔"——培养孩子的安全意识和自我保护能力，让孩子在平安和谐的环境中茁壮成长。

给女儿的一封关于安全的信

姜雨辰家长 李晓红

亲爱的女儿：

你好！今天我想给你说说安全。我仿佛看到你小脑袋上眨巴的大眼睛正疑惑地看着我。

为什么要谈安全？因为无论做什么事，永远放在第一位的就是安全。它覆盖了我们生活中、工作中的方方面面，例如人身安全、心理安全、食品安全、医疗安全……安全对于我们是首要的，没有安全就可能没有一切。大到社会、国家，小到家庭、个人，如果没有安全，战乱纷争，局势动荡，民不聊生，每天都生活在惶恐之中，又谈何安居乐业。

安全是一个人的基本需求，而对于正处于少年到青年成长期的你来说需要注意哪些方面呢？我觉得首先是人身安全。学校反复强调过很多次的外出游玩时需注意的、校园生活中的、平时生活中的安全。我希望你能多学习，掌握生活中用水、用火、用电安全，外出时的交通安全以及户外活动的安全知识。并且做事时能三思而后行，老师和家长不允许的事情坚决不做。

　　我知道其实你对安全的学习从来就没有中断过，而且慢慢地在生活中开始有了安全意识。在超市购买食品你会查看食品的安全标志，查看食品的保质期；过马路你会按交通标志行进；一个人在家也能较为妥善地使用家里的电器，甚至学会使用新的工具前先看使用说明并特别关注安全提示。作为你这样大的孩子，我觉得你已经做得很好了！希望你能继续学习各种安全知识，留心生活中的安全提示、安全标志，让安全陪伴你快乐成长！

爸爸

2018年春节前

成长的足迹

来自火的警告

罗乾鑫

远古时期，一道闪电将我送到人间，那是普罗米修斯从天庭将我送给人类，他因此被众神之王宙斯惩罚。而我的名字，就是大家熟悉的"火"。

人类慢慢学会使用我，用以烹饪或生活。人类愈来愈精明，将我"玩"得很艺术，现在生活中到处是我和我的姐妹兄弟的身影。我们自在地生活着，在温暖中呼吸氧气。然而，这种和谐的场面并没有维持太久，人类的语言中出现了"水火无情""火光冲天"。也许是人类太过大意，或是有意为之，任凭我们到处放肆。

狂风为我们助阵，我们大口大口地吞下食物、氧气，不断地重复，身体也不断强壮起来，从一个个小火苗变成了一望无际的火海，所有的一切都被我们吞噬，无数的生命和家庭被我们破坏，对此我感到很抱歉，但你们人类也应该反省反省，更多的错误却是因你们而起！

至今，我仍清楚记得：2000年12月25日，河南省洛阳市东都大厦负二楼违章烧焊引发火灾，致309人死亡；2009年2月9日晚21时许，在建央视新台址园区文化中心发生特大火灾，大火持续烧

6小时，其主要原因由烟花引起；2016年5月21日11时许，大连市长兴岛经济开发区三堂村三堂街292号发生火灾，位于一家商店二楼的补习班着火，造成3名六年级学生死亡。

据统计，我国近年来平均每年发生火灾4万起左右，死2000多人，伤3000~4000人。2017年1月至10月，全国共发生火灾21.9万起，亡1065人，伤679人，损失财产26.2亿元。

愚蠢的人类，真该醒醒了，面对这些数字，应该好好反省自己。为此，难道你们不应当做到：

一、遇到火灾保持冷静，利用通道，迅速撤离；

二、遇到大火大烟，要用湿毛巾保护口鼻，防止烟气中毒；

三、不在储有易燃易爆物品的地方使用火源；

四、加强逃生演练；

……

当然，预防火灾的方法不只有这些，防火是一个考验大家团结协作的难题，这需要你们每一个人都贡献出自己的一臂之力，去预防火灾、治理火情。

最后，希望大家永远牢记：

预防火灾就是保护自己的生命！

消防安全——火的炙烤

李燕芳

火，是披着橙衣的精灵，它们在世间跳跃，舞蹈，轻挥衣袖，便可照亮人间，吞噬黑暗，给予远古的先祖莫大的温暖及心安。她是上天赐予大地的礼物，人们歌颂它，赞美它，在它身上施加了许多或凄美或励志的故事，但事实上，这个精灵，是永远在天使与恶魔之间来回穿梭的，在赠以幸福的同时，又赐下了不计其数的生离死别。

在生活中，人们对于消防安全并不是很了解，在火精灵来势汹汹时，束手无策与盲目行动都是致命的，所以，我们每个人对自己工作、学习或居住的建筑物的结构及逃生路径都要做到心中有数，要熟悉建筑物内的消防设施及自救逃生方法，不要让火爪抓到你。

再者，我们应将生活中可能存在的火灾隐患及时消除，例如吸完的烟头一定要确保灭掉，不可乱扔；充完电的充电器也要拔掉。

归根结底，便是要防患于未然，但若还是遇上了火灾，也一定要保持冷静。上海"11·15"特大火灾中，一家三口凭借冷静与智慧逃出生天，在其中，死神一次次擦着他们脖颈而过，但他们活下来了！这是人类强大的意志体现！可见，在噩梦前，良好的心理是多么重要。再有，便是逃生技巧，你不可盲目跟从别人，同时也要切忌乘坐电梯，如遇浓烟，要尽量匍匐前进。

如果你被困于高楼，就尽量找到鲜艳的东西，在窗外来回挥动，引起注意，争取救援。

水火无情，有时候，不是上天降下灾难，而是我们亲手堆建而成。

火的精灵在大地上舞蹈，撒下万千光芒，也炙烤着人的心性。心善之人用火造福苍生，心恶之人使火毁灭大地。

消防安全在我心

戴梓羽

生命是一曲优美的交响曲，是一首优美的赞歌，是一篇华丽经典的诗章，是一次经历挫折与艰难的远航。我歌颂生命，因为她无与伦比，只有一次。 这个世界最蓬勃旺盛和美好的就是人的生命。

火是生命起源，在寒冬深夜它给人们带来春天般的温暖；火是美丽的，它使我们走进一个朦胧温馨的世界。它是黑暗中的光明，寒冷中的太阳。

但火亦是无情的。多少家庭因它破碎，多少生命因它逝去，有"万园之园"美誉的"圆明园"也顷刻间化为一片灰烬，又使多少人的心灵蒙上了重重阴影。它能将多娇的江山化成灰烬，将充满活力的生命在瞬间凝固、粉碎！

火是人类离不开的东西，它无私地给人们带来必不可少的光明和热量。但如果我们对火缺少警惕，任由小小的火苗不断扩散，那将会变成吞噬人的生命的凶手。火，给人类带来进步、光明、温暖。但失去控制的火，会给人类及社会造成极大危害。

当火焰蔓延全身时，当生灵垂死挣扎时，当生命被扼杀时，我们除了焦急万分，除了束手无策，除了悲伤流泪，更应该了解消防知识，学会应急措施，在关键时刻保住性命。

如果被大火包围，就拨打119报警电话，在报警中，要说清楚火灾发生地点、报警人名字和火势大小，随后等待救援。如果火势小，就用湿毛巾、湿毛毯披在身上冲出去，逃出去时要逆风而行，并弯腰出去，湿毛巾捂住口鼻以免中毒。在一次消防讲座中，火警叔叔说，有一部分火灾其实是可以在萌芽阶段就可以阻止的，并播放了一段KTV从小火变成大火的视频：画面中一瓶杀虫剂突然爆燃，服务员用衣服扑打火焰，但没什么用，而这时在场的人都忽略掉了旁边的灭火器！火越来越大，人们四散奔逃，无一人救火……最后酿成无法挽回的损失！"小火亡人"的教训还不够多吗？

多一分细心就少一分隐患，多一分关注就少一分危险。从我做起，从身边做起，时刻保持警惕，把消防放在心里。我相信，在有安全意识的人们的共同努力和积极参与下，消防安全环境一定能够得到进一步改善，火灾事故多发势头将得到有效遏制！

参观消防队（一）

安顺市实验学校七（1）班 黄舒梦

　　这次假期，我去了消防队参观。因为我从小就对防灾救护很感兴趣，所以有机会参观消防员们的日常生活，让我激动不已！

　　在我看来，那些用生命为祖国做出巨大贡献的消防战士们是伟大的，是令人敬佩的。正是因为有了这些奋战在前线的消防战士们，我们的祖国更加安定，人民更能安居乐业。我怀着激动的心情到了消防队。

　　我是和小伙伴们一块去的，大概四五个人。走到消防队门口，我看见了笔直如松的消防员正在门口岗亭站岗，那挺立的脊梁时刻未曾松懈，春夏秋冬，四季交替，从不改变。

　　消防员叔叔看到我们以后很热情地迎接了我们，在询问清楚我们的来意后，他带领我们一行人做了登记后进入了消防队的营房。

　　消防员叔叔很和蔼。我记得那天天气很冷，他们也只是穿了薄薄的制服。我问消防员叔叔不觉得冷吗？他说："一开始是有些冷，后来慢慢也就习惯了。"看着我们身上都裹着羽绒服、棉袄，我心中若有所思。

　　接下来，消防员叔叔给我们介绍了队里的一些设施、它们的用处，也带我们参观了消防员们的寝室。消防员有些是外地来到这边的，很久才回一次家。他们每天在队里训练非常辛苦。他们生活作风很严谨，有规定的作息时间。在训练的时候就算是下雨下雪，他们的生活规律也从不改变。

他们不是为了自己在做这些事，他们是为了人民、为了国家！且众所周知，消防员属于高危职业，存在比较高的殉职概率。他们的每一次救火都可能是最后一次救火！所以，他们平时训练都非常认真刻苦。参观过程中，我想起温家宝总理曾说过的一句话："人民群众看到消防部队，会感到安心、放心，当做亲人！"是的，没错，消防员在人民心中的地位亦是极高的，在人民心里，他们就是英雄啊！想着想着，我出了神，已经落队老远，我赶紧回过神来，继续跟着消防员叔叔走。

消防员叔叔又跟我们说，其实消防员这个工作的根本性质就是服务大众，可以说是时刻游走在生死边缘，他边走边跟我们说，一次他们执行任务，要去河里捞尸体，具体我已经记得不太清楚了，但是有一句话我记忆犹新："这比最恐怖的恐怖片还要恐怖！"我不敢想象那是怎样的场景，换作是我，我是万万不敢做这种事情的，我对消防员们的敬佩之情再一次油然而生。

他们每一个人，都是上天赐给中国最好的礼物。因为有了这些为了祖国、为了人民不懈努力奔走在第一战线的战士们，我们才拥有安定的生活。

很快，一个小时过去了，我即将结束这次的参观。这个时候一队正在训练的消防员映入我的眼帘，他们每个人的眼里好像都闪着光，那种光象征着坚毅，象征着果敢，象征着我们祖国的未来。

参观消防队（二）

都瑞霖

火灾，一个令人闻风丧胆的词语，令多少个幸福美满的家庭支离破碎，烧毁了一切繁华与回忆。那炽热的红莲业火，是多少人心中挥之不去的阴影，脑海里不可磨灭的噩梦。我和家人来消防站参观，为的是学习避免火灾和应对火灾。

踏进消防站，一名士兵笔直地伫立在门口，神情肃然，双眼炯炯有神。再看看消防站里面，各种训练的设施一应俱全，各种救援的工具琳琅满目，云梯、风机、液压钳，还有许多喊不出名字的。

再看看消防员们，一个个身强体壮，肌肉发达，皮肤黝黑，像是经历多年磨砺才得到的，真是应了那句诗："宝剑锋从磨砺出，梅花香自苦寒来。"不经历多年的日晒雨淋，也不会有今天的他们。历经多年训练，他们早已习惯了每日匆忙的生活，一分钟内穿好衣装，从下楼、穿衣到出车都有规定的时间，还有那一套套橙色的消防服，笨重且闷热不透气，穿上移动都特别困难，更不用说消防队员们整天穿着跑来跑去了。

在火灾的救援现场，消防员若是没有充足的体力以及顽强的意志，不仅无法救人，很有可能还会自身难保，所以，为了锻炼消防队员们的毅力，他们每天都会训练三到四个小时，在这里日复一日、年复一年地训练，用汗水挑战自我，超越极限，每天他们的衣服都滴着汗水。

他们还给我们普及了如何防火。首先要买一个大约两公斤的小灭火器做预防，还应准备手电、绳子等物品，以防万一。在厨房，一定要时常清洁抽油烟机，因为抽油烟机内部会有许多凝结了的油，火大一点就会燃起来，还有煤气，一定要时常检查软管是否完好，若是泄露了，一点小小的明火就会引起大爆炸。在停电的时候，尽量不要用蜡烛等明火照明，若是用，也不要将火焰放在离可燃物近的地方，放烟火的时候应当在一旁准备一桶水，不要在禁止吸烟的地方吸烟，如加油站，以免引发大型火灾，最后还要牢记报警电话"119"，还有报警须知，一定要讲清楚火灾发生的地址和大约被困人员，还有自己的联系电话。

火，是人类文明的曙光，也是人类灾难的隐患，这是一把达摩克利斯之剑，享受它带来的益处的同时，也要时刻牢记火灾对我们的威胁。

令人敬佩的消防战士

杨月影

　　我们暑假有一个特别的作业——参观消防队，有什么所思所想，就记录下来。于是我开始了这段特别的旅程。

　　我们先走进了消防大队的洗漱间，这里十分干净、整洁。走进卧室，更是眼前一亮，枕头、被子、床单和衣帽，都井然有序。特别是被子，就像我们俗称的"豆腐块"，方方正正的，就像一个正方体——每一个棱角都是尖的，每一条边都是齐的，都是像刀切出来的一样。这让我明白了部队纪律严明的军事化管理，我们平时也要认真对待每一件事，不要胡乱地去完成，我们平时认为已经很整齐的物品摆放，跟他们比简直就是不值一提。

　　接着，来到了消防大队的底楼。眼前一幅幅火灾的悲惨画面让我忘记了这是在消防站，森林火灾、工厂火灾、居民楼火灾……看着一幅幅惨不忍睹的画面，我的血液仿佛渐渐变冷，好像听到了一阵阵撕心裂肺的呼喊，一股股呛鼻的烟味扑面而来，看到了消防战士在奋力地冲进火海，坐着高耸入云的云梯，拿着消防水枪，无情的火灼烧着楼房，消防战神们毫不畏惧地与火神进行着斗争，有些消防员我们再也看不到了……但他们永远都是令人尊敬的英雄，他们必将永远活在人民心中。

血的教训，告诉我们，在平时的生活中不要玩火，要注意用火、用电、燃气使用的安全。这些力所能及的小事，都可以让我们为防止火灾、杜绝火灾的发生出一份力，减少消防战士们的出勤。

在这儿，我看到了许许多多的奖杯，一等功、二等功数不胜数，这些都是消防战士用勇敢、汗水、热血甚至生命换来的。我十分佩服这些消防官兵英勇无畏、时刻为人民的安全着想的品质。

消防战士的英勇无畏让我十分佩服，消防战士的勇敢我会铭记在心，我会永远记住这次参观的。通过这次参观消防队，更加深了我的信念：努力学习，精忠报国，为人民服务，做一个国家的栋梁之材！

让消防战士省心

叶心芸

世界上最珍贵的事物是什么？钻石？黄金？不！是人的生命！但在这个世界上生命却是那么脆弱！水火无情，但在水火面前，却有一种人挺身而出，冲锋在生与死的边缘，而他们就是默默无闻的消防官兵。

就在今年上半年，一档真人秀节目——"真正男子汉"，充分为我们展现了消防官兵的辛苦、不易。

一进消防站，两位消防官兵严肃地站在两旁，似乎在为所有人警示。走进去，前方的大字引人注目——消防，使人一下子产生敬畏，回首两旁，宿舍和食堂简单而又洁净。

进消防站第一件事便是进宿舍收拾行李，过了一会儿一位检察官前来检查。每一个角落都不放过，似乎在他们心中无论你是谁，不管你有多大的军衔，只要让检察官摸到你的房间内有一层灰，都会得到相应的惩罚，这小细节让我看得目瞪口呆。而这也告诉我们消防官兵的严谨，一丝不苟。

接下来是到后院进行训练。单一的木桩、朴实的围栏……当训练的火苗燃起来时，官兵必须迅速将消防水带连接起来，你莫要小看这些消防水带，一根都有几斤重，而在真正的火灾现场，每一分体力都那么宝贵，每个人的求生意识都那么强烈，消防官兵却要扛着重物，抵抗着求生本能，勇往直前！

其实消防站也同一般的房屋，不过是多了一些青春、一份热血、一腔勇敢罢了！但消防站因有他们的站岗执勤而不平凡。

为了让消防官兵多一点休息，我们一定要多学习消防知识，多做消防疏散演习，让天更蓝，山更青，生命更美，消防官兵更帅！

安全教育是生命的翅膀

实验学校九（4）班 张铠薇

树不能失去坚定粗实的树根，花不能失去缤纷亮丽的花瓣，鱼不能失去赖以生存的水，生命的保障亦不能忽略安全教育。

诺贝尔曾说过："生命，那是自然付给人类去雕琢的玉石。"正如顽强从土中钻出的苗儿，要奋力生长成挺拔的大树，人人的生命都是经过不断提升和强化而成为"玉石"的。正因如此，生命值得我们每一个人的认真对待和珍惜热爱。

那怎样善待生命呢？

是懂得交通法规我们才安全走过马路，是老师教育的注意事项助我们度过每个快乐的假期……安全教育恰似生命的翅膀，是拥有美好生活的基础保障。

我想起从前发生的几件惨案：2016年毕节市赫章县某小学生不慎落入河道后被洪水冲走；而在2015年，一名15岁的少年在西宁市大通回族土族自治县一人工湖溺水身亡……这样发生在我们身边的事还有许多，在花一般的年华，我们应当学习更多安全知识来武装保护自己，不留下终生的遗憾。首先，不应当在河道边缘走路，尤其是夜晚；其次，不在河湖擅自游野泳；再次，学习溺水求生技能，以备遇到危险时能正确自救等。

　　溺水只是我们生活中存在的风险之一，我们应该接受更多安全教育以应对不同情景下的危险，如：不进入酒吧、网吧等未成年禁入的场所；夜晚不走偏僻的小路；当遇到危险时首先应确保人身安全，并找机会报警；独自在家时不给陌生人开门；交友慎重，与朋友外出要谨慎……无论是家长、老师还是学校都会进行相应的安全教育，而作为祖国未来的我们，应当重视并认真学习这些知识，牢记于心，因为这些都会成为我们成长的护身符。

　　时光匆匆，生命宝贵，每一个处在花样年华的少年都应该了解并掌握安全知识，不要让意外和失望成为人生的遗憾。同学们请披上生命的翅膀，认真学习安全教育知识，向更远的彼方翱翔！

毒品的危害

实验学校七（1）班 洪启银

毒品，一样百害无一利的东西，一个可怕的恶魔，一个令人走上歧途的惯犯。然而这种东西却受部分人热爱，因为毒品带给他们一时的欢乐。

吸毒的危害十分大。吸毒严重危害人体的身心健康，加速死亡；容易患艾滋病、癌症、白血病；扭曲人格，自毁前程，引发自残、自杀等行为。吸毒诱发犯罪，破坏正常的社会和经济秩序，影响社会稳定，吸毒者在耗尽个人和家庭的钱财后就会铤而走险，走上违法犯罪的道路，进行贪污、诈骗、盗窃、抢劫、凶杀等犯罪活动。吸毒有这么多的坏处，为了大家的前途、健康着想，请不要吸毒，发现吸毒者，要努力劝说，让他们"改邪归正"。

毒品是个无赖，只要沾上了，就会紧紧纠缠着你，让你想方设法地吸毒。吸毒容易，戒毒难！毒品吸得越多，就越无法自拔。一个又一个的青少年因为吸毒走上了不归路，一个又一个家庭因一人吸毒而支离破碎，一个又一个健康人士因毒品而得不治之症。所以，为了大家着想，请不要碰毒品，不要吸毒，互相监督，要提防无故献殷勤的陌生人。

毒品真的碰不得呀，碰了则对我们百害无一利。为了大家美好的前途，为了幸福的家庭，为了个人的健康，请远离毒品！

家庭安全之交通

实验学校七（2）班 李思茹

今天，我和父亲母亲出了门，来到了马路边，准备看看周围有哪些交通隐患。

现在的科技飞速发展，交通也十分便利，路越来越好，车辆也越来越多。但是，随着交通的便利，交通事故却越来越频繁，车祸像死神一般，夺去了很多人的性命。

我们首先来到了双阳小学的马路边。最近恰逢过年，车站的人也多了起来，每辆公交车都特别拥挤。看到这车水马龙、水泄不通的场面，我不禁回忆起以前上小学时搭公交车的时候。以前车站堵满了人，很多小学生一看到车就"眼冒金光"，全部围在车门前。等车门一开，他们便往上挤，像饿死鬼投胎一般，丝毫不顾及别人的感受。就算有保障我们搭乘公交车安全的警察，也拦不住这些"饿死鬼"。我连忙问身后的父亲："这种情况会出现什么意外事故？""这种只顾自己的行为绝对不行！一味地往前挤会导致前面的人绊倒，从而发生踩踏事故！你要记住，一个不经意的坏习惯都可能酿成大祸！正所谓'千里之堤，溃于蚁穴'！"父亲十分严肃，说明这的确是非常严重的事了，一想到一件很小的事便会有如此大的隐患，我不禁一阵后怕。

　　我们又来到了十字路口，以前我们一家三口经常散步到这儿。虽然这里安装有红绿灯，但经常有人闯红灯，面色上看没有任何不妥，仿佛这是件天经地义的事一般。母亲好像看出我的疑惑，郑重地告诉我："闯红灯是非常不对的，尤其是在十字路口！也许一次两次不会有事，但你总有一次会倒霉吧？到时候后悔也来不及了！"

　　生命只有一次。遵守交通规则就是尊重我们的生命！

安全在身边

安顺市实验学校七（7）班　柏兴敏

"红灯停，绿灯行"。熟悉的口令在耳边响起，我猛地发现马路对面正亮着红灯，而我的腿已经迈出了第一步……

——题记

人们都喜欢安全，他们希望自己安全、子女安全、父母安全，可人们不知道安全就在我们的身边。

遵守交通规则

"红灯停、绿灯行"。一句交通规则拯救了多少人的性命，可又使多少违反它们的人命丧黄泉。

"现在是红灯，禁止通行。"我站在马路的一边，听着从音箱里发出的女声，耐心地等待。

学会礼让

"车让人，让出安全；人让车，让出文明。"我读着路边的提示语，慢吞吞地走到马路对面。可心中却充满了疑惑，难道车可以在行人行走时开过吗？还是人可以在车开时走？不是有红绿灯吗？这时我才发现，马路对面没有红绿灯。

我向两边望去，马路上空荡荡的，没有一辆车。于是，我向另一边冲了过去，跑到一半发现一辆白色的小轿车从远方驶来，我站在原地，想等它开走以后，再过马路。可是只见那辆车越开越慢，于是在离我较近的地方停了下来，我疑惑地看向司机，却见司机向我招手，噢！原来是要我先走，我连忙走了过去，那辆车又开走了。果然是"车让人，让出安全；人让车，让出文明"。

看着轿车驶去的背影，我不由得感叹，安全时时刻刻都在我们身边啊！

安全时时刻刻都在我们身边，可如果我们不遵守交通规则，也不会礼让，那么我们如何保障你的安全？这就需要我们要遵守交通规则，学会礼让，才不会有危险。生活中有许多危险，我们要以生命为重，让安全在我们身边。

一年级

一（1）班　陈子涵

一（4）班　谢雨珂

一（1）班　陈子涵

二年级

二（5）班　钟兆涵

二（5）班　赵晨羽

四年级

四（3）班 张晓直

四（2）班 刘睿卿

五年级

五（1）班　李乐

五（2）班　刘雅宜

七年级

七（2）班　朱皓琪

七（3）班　金航

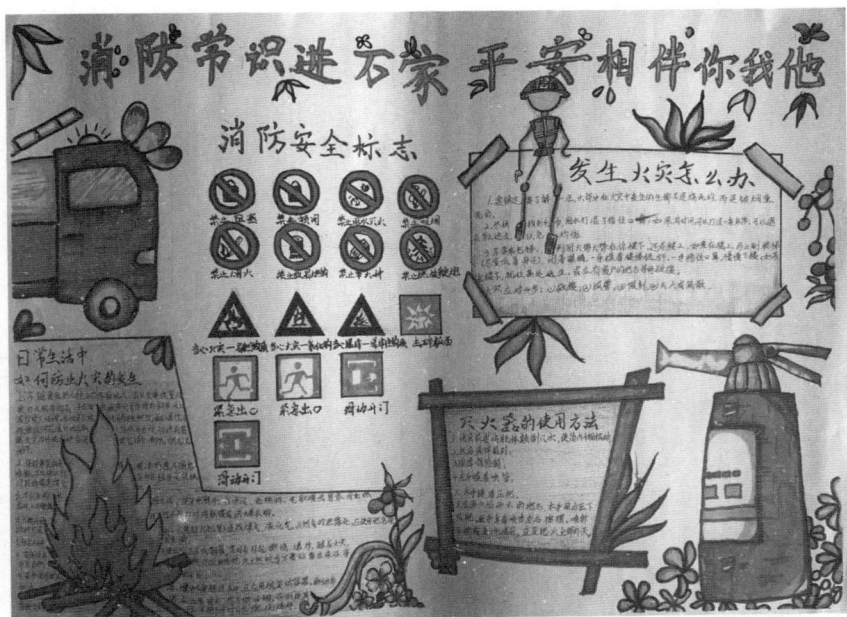

七（8）班　姜雨辰

七（8）班　邹凯平

八年级

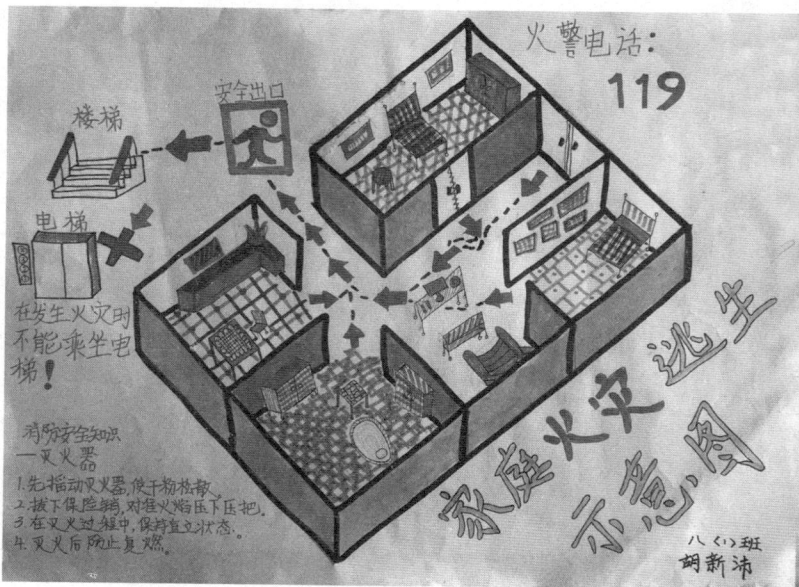

八（1）班　胡新沛

八（1）班　马青青

八（2）班　刘福馨蒻

八（6）班　黄文菲

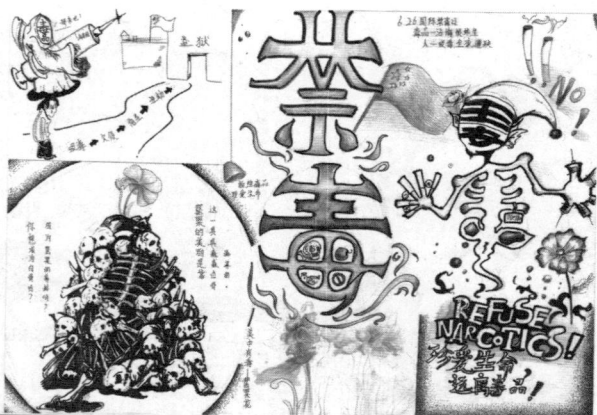

八（8）班 张恩惠

八（10）班 肖雪杨

八（1）班 胡新沛